나카지마 료타로 지음
서희경 옮김

판단과
행동 사이,
행동

행동경제학으로 사용자의 사고와 욕구를 자극한다

의도된
디자인

소보 LAB   SE SHOEISHA

행동경제학과 디자인의 접점

이 책은 행동경제학이 디자인에 어떻게 적용되는지를 다룹니다. 여기서 디자인이란 단순히 색채와 형태를 구상하는 창조 활동으로만 정의하지 않습니다. 디자인은 상품·서비스를 이용하는 사용자의 흥미를 끌고, 행동을 유도하는 메커니즘을 구상하는 것까지 포함하는 넓은 개념입니다.

사용자가 어떤 기분으로 제품과 서비스를 이용하는지, 주변 환경은 어떠한지, 사회가 주목하는 것은 무엇인지 등 디자인 과정에서 고려해야 할 요소는 다양합니다. 기업이나 행정기관은 수치 분석에 집중하지만, 디자이너는 사용자의 실제 행동과 감정에 초점을 맞추고 고찰하여 디자인에 반영합니다.

디자이너에게 정해진 조사 연구 방법론은 없지만, 제품과 서비스의 사용 과정을 시계열로 정리하거나, 사용자를 인터뷰하는 등의 방법과 프레임워크가 활용됩니다. 하지만 이는 단순한 수단일 뿐이며 가장 중요한 전제는 '인간과 사회를 관찰하는 힘'입니다.

사용자가 항상 편리성·효율성만 추구하는 것은 아닙니다. 하지만 기업에 소속되어 효율 중심의 시장 분석에 익숙해지다 보면 편의·속도·이익 중심의 사고방식에 갇힙니다. 이는 경쟁사들의 무차별적 경쟁과 소모전을 초래하며 결국 특이점 없는 해결책을 도출하게 됩니다. 모두가 같은 무대에서 엇비슷한 상품·서비스로 경쟁하는 셈이지요.

사용자는 편리함을 넘어 지금까지 경험해 보지 못한 편안함, 즐거운 경험을 갈망합니다. 디자인 조사 과정에서 이러한 숨겨진 욕구를 꿰뚫어 보는 관찰력이 매우 중요합니다.

저는 디자인 리서치와 비즈니스 현장에서 시행착오를 겪으며 디자인 외적 분야에서 인사이트를 얻고 이를 비즈니스로 풀어낼 방법을 고민했습니다. 그러던 중 행동경제학에 관심이 생겼고 여러 책을 읽으면서 인간이 항상 합리적으로 판단하지는 않는다는 사실에 흥미를 느꼈습니다. 행동경제학과 디자인 모두 인간, 즉 사용자에 초점을 맞춘다는 공통점을 가지고 있으므로 행동경제학을 디자인 연구에 접목하면 사용자에 대한 이해를 더욱 높일 수 있다는 깨달음을 얻었습니다. 행동경제학의 원리를 제시하고 이를 디자인과 비즈니스에 적용하는 방법을 설명하는 내용을 일본 미디어 플랫폼 note에 주기적으로 연재하던 중, 출판 관계자로부터 출간을 권유받아 이 책을 쓰게 되었습니다.

행동경제학은 인간의 행동 패턴을 분석하는 연구에 국한되지 않고 상품·서비스를 개발하고 비즈니스 전략을 수립하는 데 유용한 실질적인 정보를 제공합니다. 디자이너, 비즈니스 기획자 그리고 일을 재미있게 해보고 싶은 모든 사람이 행동경제학을 통해 연구적 관점으로 디자인을 접목할 수 있게 되고, 더욱 창의적인 비즈니스를 만들 수 있도록 돕는 것이 이 책의 목표입니다.

다른 행동경제학 서적과의 차이점

행동경제학에 관한 책은 크게 두 가지로 나뉩니다. 하나는 노벨경제학상을 받은 대니얼 카너먼의 《생각에 관한 생각》, 리처드 탈러와 캐스 선스타인의 《넛지》 등과 같이 심리학이나 경제학 전문가가 쓴 책입니다. 다른 하나는 각 이론의 핵심을 요약하여 이해하기 쉽게 정리한 책입니다. 한 페이지 분량으로 이론을 요약한 책, 만화나 스토리 형식으로 설명한 책 등 다양한 종류가 있습니다.

물론 저는 학자가 아니므로 이 책은 경제 전문 서적에 속하지 않습니다. 그렇다고 핵심 정리 서적에 해당한다고 볼 수도 없습니다. 이 책은 '비즈니스 현장에서 행동경제학을 어떻게 실천할 것인가'에 초점을 맞추고 있습니다. 이론을 이해하는 것에 그치지 않고 실제 비즈니스 환경에서 새로운 상품·서비스 기획, 디자인 개선에 반영됨으로써 편리성이나 효율성을 넘어선 비즈니스 혁신으로 이어지기를 기대합니다.

이 책은 행동경제학을 비즈니스와 사용자의 관계성에 초점을 맞춰 설명하고 있으며 다음과 같은 성과를 얻을 수 있습니다.

- 개별 이론이 아닌 전체 구조에서 시스템을 이해할 수 있다.
- 도해를 활용하여 이론을 한눈에 파악할 수 있다.
- 행동경제학, 사회심리학, 디자인의 통합적 관점을 다룬다.
- 상품·서비스 기획 및 디자인에 적용하는 방법을 제안한다.
- 실제 비즈니스 현장을 상상하며 흥미롭게 배울 수 있다.

저는 디자인 전공자로서 행동경제학을 독학으로 공부해 왔습니다. 이 책은 디자이너 관점에서 행동경제학 이론을 이해하고 실제 디자인 작업에 적용하는 데 도움이 되도록 작성되었습니다. 이론을 엄격하게 파악하는 것보다는 어떻게 활용할 수 있는지에 초점을 맞춰 읽어주시면 감사하겠습니다.

이 책의 모든 이론은 가능한 한 원전을 바탕으로 하고 있으며, 권말에는 추천하는 의미를 담아 참고문헌 목록도 정리하였으니 꼭 참고하시기를 바랍니다.

이 책의 구성

이 책은 크게 3개의 장으로 구성되어 있습니다.

1장에서는 행동경제학에 대한 전체상으로서의 '프레임'을 다룹니다. 상품·서비스 관련 비즈니스와 사용자 간의 관계를 도해로 정리합니다. 인간과 기계의 차이를 바탕으로 인간이 무엇에 영향을 받고 어떻게 행동으로 이어지는지를 살펴봅니다.

2장에서는 인간을 크게 8가지 성향으로 분류하고 행동경제학, 사회심리학, 디자인 이론에 기반한 39개의 '바이어스'를 다룹니다. 전체 맥락과 개별 이론의 관계를 정리하고 인간이 바이어스에 빠지게 되는 이유와 활용 방법을 생각해 봅니다.

3장에서는 디자인 관점에서의 실천 방법을 소개합니다. 행동경제학 기반 '넛지' 개념을 바탕으로 사용자 행동 변화를 위한 다양한 접근법을 제시합니다. 비즈니스 현장에서 상품·서비스로 넛지를 실행하는 방안과 사용자의 사고방식 변화를 통한 넛지의 효과를 높이는 방안을 구상하는 것이 목표입니다.

이 책이 행동경제학과 디자인의 매력을 발견하고, 논리적이고 합리적인 분석만으로는 만들어낼 수 없는 새롭고 흥미로운 상품·서비스를 만드는 데 활용되기를 바랍니다.

자, 그럼 즐겁게 배워봅시다.

나카지마 료타로

CONTENTS

바이어스 4. 거리를 의식한다

바이어스 5. 조건에 따라 선택을 바꾼다

바이어스 6. 틀 안에서 이해한다

바이어스 7. 감정에 따라 반응한다

바이어스 8. 결단에 구애받는다

3장. 넛지

넛지 1. 넛지 이해하기

넛지 2. 사용자의 행동으로 연결하기

넛지 3. 실전 디자인 요령

1장

프레임

———

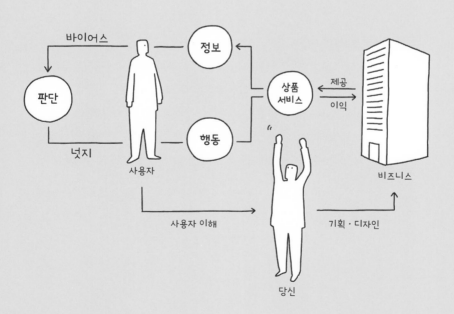

프레임 1

사용자와 비즈니스를
연결한다

행동경제학과 비즈니스의 관계를 살펴보자.

행동경제학을 이해하기 위한 첫걸음은 사용자 중심의 관점을 갖추는 것이다. 사용자의 니즈를 정확하게 파악하고 이에 맞는 전략을 수립해야 성공적인 비즈니스를 만들 수 있다. 그러나 비즈니스 기획과 사용자 니즈가 불일치하는 경우가 종종 발생한다. 사용자의 비합리적인 행동 패턴을 분석하는 행동경제학을 도입하면 그 간극을 해소할 수 있다.

편의성·효율성 추구의 함정

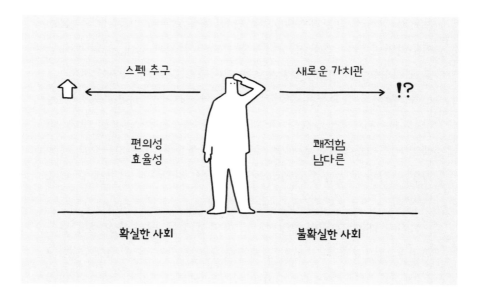

현대 사회는 불확실성이 높아 모든 비즈니스 분야에서 혁신이 불가피하다. 하지만 수많은 기업이 혁신을 이념으로 삼고 노력을 기울임에도 실제로 변화를 끌어내지 못하곤 한다. 그 이유 중 하나는 상품·서비스를 기획하고 개발하는 과정에서 편의성과 효율성에 주목하는 접근 방식으로 인해 사용자 내면의 욕구를 충족하지 못하기 때문이다.

사람들이 스타벅스 매장에 모여들고 애플 제품에 주목하는 이유는 단순히 가격이나 성능 같은 스펙을 넘어 가치를 기준으로 판단하고 있기 때문이다. 대체 불가의 장소이거나 이용하면서 느끼는 편안함일 수도 있다.

스타벅스와 애플은 사용자가 제품과 서비스에서 느끼는 가치를 재정의함으로써 커피와 디지털 기기 시장을 크게 변화시켰다. 사용자의 가치관 변화는 단순히 가격이나 성능으로 대응할 수 없는 새로운 차원의 경쟁을 만들어 냈다. 이러한 변화에 발맞춰 비즈니스 혁신을 이루려면 편의성·효율성을 넘어 사용자의 감성과 심리, 사회적 요구를 고려하는 접근 방식으로 새로운 가치를 발견할 수 있어야 한다.

편의성이나 효율성은 수치적 측정이 가능하지만, 사용자의 니즈는 감성, 가치관, 심리적 요구 등 수치화가 불가능한 것들이 더 많다. 미래의 비즈니스에서는 분석적 사고보다 가설적 사고를 기반으로 사용자의 생각과 행동을 관찰하고 상품·서비스 기획으로 연결해 갈 필요가 있다.

혁신에 대한 요구가 커지면서 사용자 관점에 대한 중요성이 강조되고 디자인 씽킹이 주목받기 시작했다. 일본에서는 2010년 이후 많은 학교와 기업 현장에서 디자인 씽킹을 실천하고 있다. 디자인 씽킹은 부서의 경계를 넘어 함께 협력하여 제품을 만들어내는 디자이너의 사고방식을 다양한 직종 종사자와 전문가들이 활용하는 방법론이다. 하지만 디자인 씽킹은 큰 혁신을 가져오지는 못했다. 개인적으로는 디자인 씽킹 자체의 문제라기보다는 단순한 방법론으로만 취급했기 때문이라고 생각한다. 많은 기업이나 학교 현장에서 디자인 씽킹의 절차에 따라 프레임워크를 채우기만 하면 자동으로 해결책이 나온다는 잘못된 인식을 두고 있는 것이 안타까운 현주소이다.

디자인 씽킹을 성공적으로 적용하기 위해서는 사용자에 대한 깊이 있는 이해가 필수적이다. 인간은 단지 이익과 효율만 추구하는 존재가 아니다. 혼자 있으면 외롭고 칭찬에 기쁨을 느끼며 전달 방식에 따라 반응이 180도 달라지는 등 매우 복잡하고 때로는 비합리적이기도 한 흥미로운 존재이다. 우선 타깃 사용자에게 관심을 기울이는 것이 디자인 씽킹의 기본자세이다.

사용자를 이해하려면 그들의 사고방식, 행동의 의도나 배경에서 본질을 꿰뚫어 보는 리서치 경험과 지식이 필요하다. 이는 단순히 관찰 기법을 익히는 것뿐만 아니라 그 전제가 되는 인간의 특성을 이해하는 것을 의미한다. 예를 들어, 게임을 금지하면 게임을 더 하고 싶어지는 이유는 무엇일까? 이처럼 눈앞에서 일어나는 현상뿐만 아니라 인간의 심리 상태와 환경에서 그 요인을 고찰할 수 있어야 한다.

행동경제학은 이러한 것들을 이해하는 데 필요한 단서를 제공한다. 행동경제학을 알면 '사용자는 왜 이런 행동을 하는가?'라는 물음에 대한 답을 찾을 수 있다. 인간의 특성을 관찰하는 데 그치지 않고 '사용자가 무엇을 원하는지'까지 고찰하면 편의성·효율성 외의 가치를 발견할 수 있고, 나아가 상품·서비스에 적용할 수 있는 아이디어의 힌트도 찾을 수 있다.

만약, 상품·서비스 기획이나 디자인 업무를 담당하고 있고, 혁신을 원한다면 행동경제학이 분명 도움이 될 것이다. 미래의 비즈니스에 필요한 것은 프레임워크에 의존한 디자인 씽킹이 아니라 사용자에 대한 깊은 관심을 토대로 사용자를 관찰하고 이해하려는 태도이다.

02 비즈니스에 도움이 되는 행동경제학

행동경제학은 사용자 중심의 아이디어와 창의적 기획을 구상하는 데 도움이 된다. 색상이나 형태를 넘어선 넓은 영역에서 사용자의 행동과 연결되는 디자인을 제안할 수 있으며 이는 디자이너에 국한되지 않고 기획자, 개발자 모두에게 통용된다. 비즈니스에 행동경제학을 적용하면 다음의 세 가지 장점이 있다.

1. 완벽주의에서 벗어날 수 있다

많은 비즈니스 환경에서 완벽주의적인 접근 방식이 강조된다. 신상품이나 서비스를 제안할 때는 수치적 근거를 바탕으로 이유를 설명하는 문화가 존재한다. 기획 과정에서는 이상적인 사용자를 모델로 설정하고 빈틈없는 비즈니스 모델을 구성하는 등 완벽한 설정을 기반으로 하는 경우가 지배적이다. 실제로 여러 회사의 기획에 참여한 경험에 비추어 봤을 때, 특히 공부를 잘하고 성실한 사람일수록 완벽주의를 추구하는 경향이 강했다. 하지만 실사용자는 이상적인 모델과 달리 약간 허술하거나 감각적인 경우가 많다. 완벽주의를 추구하는 사람에게 행동경제학은 실사용자에 대한 편견을 없애고, 유연한 해결책을 궁리할 수 있는 관점을 제공해 준다.

2. 이론을 실무에 적용할 수 있다

내가 대학에서 디자인을 배우던 시절에는 심리학이 학생들 사이에서 인기 과목 중 하나였다. 길이가 다르게 보이는 착시 효과나 메타포 이론 등 심리학 이론은 흥미로웠지만, 시각디자인에 구체적으로 적용하기는 쉽지 않았다. 약간의 아이디어를 적용하는 수준에 그칠 뿐, 수업 시간에 감동받았던 이론을 실무에서 충분히 활용하지 못한다. 이에 공감하는 디자이너들도 적지 않을 것이다.

행동경제학은 심리학보다 실용적이며, 소비자인 사용자에 초점을 맞추고 있다. 따라서 디자인 방안을 고민할 때나 상품·서비스를 기획할 때 이론을 적용하기 쉽다. 또한, 행동경제학은 경제학의 범주에 속하기 때문에 구매율이나 매출과 직결되는 연구도 많이 발표되었다. 추상적인 이해에 그치지 않고 실제 비즈니스에서 적용할 수 있다는 점이 행동경제학의 매력이다.

3. 감각적인 내용을 논리적으로 전달할 수 있다

가족, 친구, 연인과의 관계에서 우리는 상대를 생각하고 기쁘게 해줄 방법을 고민하고 시도한다. 하지만 비즈니스에서는 이러한 관점이 간과되는 경향이 있다. 타깃 사용자가 많으므로 사고가 편향되지 않도록 수치 기반의 객관적인 소통을 전개할 필요가 있기 때문이다. 하지만 숫자로 표현되지 않는 감각적인 정보를 논리적으로 전달하기란 쉽지 않다. 이때 행동경제학 이론이 뒷받침되면, 언뜻 이상하게 보이는 내용이나 수치로 표현하기 어려운 제안도 근거 있게 설명할 수 있다. 디자이너나 기획자처럼 새로운 아이디어를 고안하는 사람들은 비즈니스 현장에서 논리가 부족하다는 평가를 받는 경우가 많다. 만약 행동경제학을 근거로 아이디어를 제안한다면, 논리성을 입증하는데 큰 도움이 될 것이다.

행동경제학과 비즈니스의 연관성에 대해 구체적으로 살펴보자.

03 사용자 관점에서 생각하기

　이제 상품·서비스에 행동경제학이 어떻게 관련되는지 그림을 통해 알아보자. 먼저 첫 번째 그림을 보자(이후 내용은 이 그림을 기준으로 설명한다). 이 그림은 세상의 비즈니스 구조를 개념적으로 나타낸 것이다.

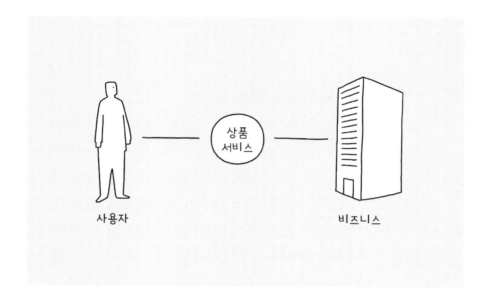

　상품·서비스가 수요자인 사용자와 공급자인 비즈니스(여기서는 사업, 일, 직무의 주체) 사이에서 둘을 연결한다. 비즈니스 측은 기획과 디자인을 통해 만들어진 상품·서비스를 사용자에게 제공한다. 사용자 측은 상품·서비스가 마음에 들면 이용한다.

그 대가로 매출이나 이용료가 비즈니스 측에 환원되는 상호 작용
이 발생한다. 그런데 사용자가 항상 상품·서비스를 좋아하는 것은 아
니다. 두 번째 그림을 보자.

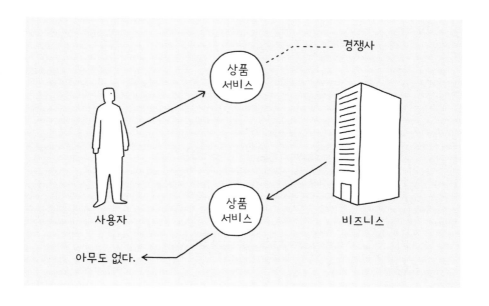

비즈니스적 사고에만 근거한 상품·서비스는 사용자가 없을 수 있
다(시장 수요가 없다). 예를 들어, 엔지니어로서는 다기능·고성능이 매
력적으로 보이지만, 사용자로서는 이용이 어렵거나 불필요한 기능
이 포함될 수 있다. 실제로 니즈가 높을 거라고 예상하고 출시한 다기
능·고성능 제품이 시장에서 외면당한 사례가 많이 존재해 왔다. 비즈
니스가 사용자가 추구하는 방향과 맞지 않거나 경쟁사가 먼저 출시
하는 경우도 있다. 그 경쟁사는 어쩌면 전혀 다른 업종일 수도 있다.
상품이 부족하고 불편한 환경이라면 사용자는 더욱 편리하고 효율적
인 상품에 관심을 보인다.

하지만 오늘날에는 상품·서비스가 넘쳐나고, 불확실성이 높으므로 사용자의 관심을 파악하기가 더욱 복잡해졌다. 따라서 판매자의 논리보다는 사용자의 관점에서 사고하는 태도로 전환해야 한다. 세 번째 그림은 사용자 관점에서 상품·서비스를 생각하는 프로세스를 보여준다.

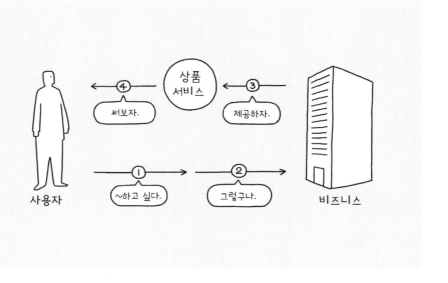

먼저 ①의 사용자를 관찰하는 것부터 시작하자. 사용자는 미래를 확신할 수 없으므로 '원하는 것이 무엇입니까?'라고 직접 물어봐도 정확한 답을 얻기 어렵다. 그러니 사용자의 일상적인 행동과 사고방식을 주의 깊게 관찰하여 무엇이 그들을 행복하게 하는지 숨겨진 니즈를 파악해야 한다. 관찰을 통해 무언가를 발견했다면, ②에서 그 원인을 생각해 보자. 이때 행동경제학 지식이 도움이 된다.

원인을 찾았다면 ③에서 해결책을 고안하고 상품·서비스에 적용한다.

이 과정을 거쳐, ④에서 사용자가 '경험해 보고 싶다'고 생각하고 행동할 때, 드디어 사용자와 비즈니스가 연결되는 것이다. 시대와 환경은 끊임없이 변화하기 때문에, 계속해서 사용자에게 초점을 맞추고, 어긋난 부분이 있으면 상품·서비스를 조정하여 사용자와의 연결고리가 끊어지지 않도록 의식해야 한다.

지금까지 사용자의 관점에서 생각하는 것의 중요성에 대해 알아봤다. 앞으로는 사용자에 대한 이해와 행동경제학의 관계에 관해 좀 더 깊이 살펴보자.

프레임 2

인지와 행동 특성을
파악한다

행동경제학은 인간의 사고 습성과 비합리성 등의 특성이 경제(비즈니스)와 어떻게 관련되는지를 연구하는 학문이다. 이 장에서는 사용자인 인간과 기계의 다름을 이해하고, 상품·서비스와 관련된 인지와 행동의 전체상을 그림으로 정리함으로써 행동경제학의 이론과 실천이 비즈니스에 어떻게 연결되는지 알아보자.

04 인간은 기계와 다르다

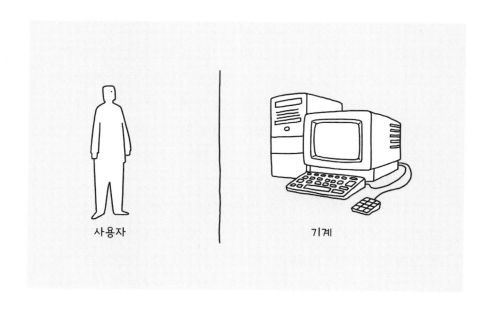

사용자 　　　　　　　　　기계

　상품·서비스를 이용하는 대상은 인간(사용자)이며 기계(머신)가 아니다. 인간과 기계의 근본적인 차이를 이해하는 것이 행동경제학의 첫 번째 단계이다.

　기존의 경제학은 인간을 마치 기계처럼 전제했다. 여기서 기계는 인공지능이나 학습 능력이 없는 20세기의 계산기나 산업용 로봇 등을 말한다. 기계는 정보가 입력되면 프로그램된 프로세스에 의해 항상 동일한 결과를 낼 수 있다. 반면 행동경제학은 인간이 인간으로서의 특성을 가진다고 전제한다.

인간은 정보가 입력되면 당시의 기분이나 주변 환경에 영향을 받아 다르게 반응할 수 있다. 기존 경제학은 매우 합리적인 사고방식으로 인간을 기계처럼 항상 냉정하고 최선의 결정을 내릴 수 있는 존재로 가정했으며 감정을 고려하지 않았다. 그에 반해, 행동경제학은 인간이 환경과 감정 등에 영향을 받는다는 것을 전제로 한다.

이를 비즈니스에 적용해 보면, 상품·서비스를 제공하는 기업은 종종 완벽한 사용자 상을 설정하곤 한다. '기능이 많으면 많을수록 사용자에게 좋을 것이다', '논리적으로 설계했으니 사용자가 실수할 리가 없다'라는 식으로 가정하는 것이다. 그로 인해, 조작 버튼이 너무 많아서 사용하기 난해한 제품, 사용자가 선택해야 할 사항이 많고 조합이 복잡해서 오류가 자주 발생하는 조작 화면이나 신청 양식 등이 세상에 넘쳐나게 되었다.

이러한 문제가 발생한 이유는 사용자인 인간을 기계처럼 가정했기 때문이다. 사용자는 상품이 가지런히 진열된 매장보다 의외의 제품이 함께 놓여있거나 미로처럼 얽혀있는 매장을 더 매력적으로 느끼기도 한다. 때로는 합리적이지 않은 방식이 사용자에게 더 큰 흥미와 만족을 줄 수 있다.

행동경제학의 대표적인 이론 중 하나를 살펴보자.

프로스펙트 이론은 인간이 손익을 어떻게 느끼는지를 밝혀낸 연구이다. 예를 들어, 50%의 확률로 10,000원을 얻거나 10,000원을 잃는 조건이 있다고 가정해 보자. 합리적으로 생각하면 득과 실이 같지만, 실제로 인간은 손해를 더 강하게 의식한다. 그래서 10,000원을 잃을 위험이 있다면 조건을 받아들이지 않는 편이 낫다고 생각하는 경향이 있다. 이처럼 기계와 다른 인간만의 행동에 관한 수많은 연구가 이루어지고 있다.

행동경제학은 사용자, 즉 인간을 출발점으로 삼고 있다. 실제 사용자를 면밀히 관찰하고 사용 방식과 기분을 상상할 수 있다면, 수용 가능한 상품·서비스를 만들 수 있다. 디자인 역시 사용자가 어떤 사람인지를 먼저 생각하고, 거기서부터 상품·서비스를 구상한다. 아무리 멋져도 사용자가 사용하기 불편하다면 좋은 디자인이라고 할 수 없다.

정리하면, 행동경제학과 디자인은 기계를 대상으로 하는 것이 아니라 감정을 가진 사용자의 관점에서 생각한다는 공통점이 있다.

05 인지적 흐름

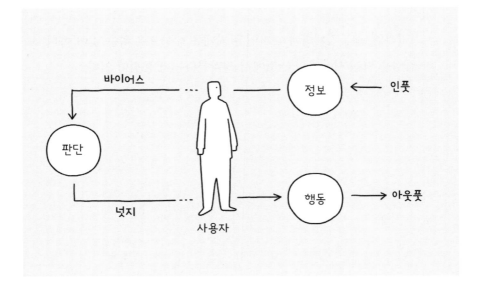

바이어스 · · · 정보 ← 인풋

판단

넛지 · · · 행동 → 아웃풋

사용자

인간과 기계의 사고 과정은 무엇이 다를까? 인간과 기계 모두 공통으로 크게 세 단계의 인지적 흐름을 거친다.

- 첫 번째 단계, 외부로부터 인풋 된 정보를 수신한다.
- 두 번째 단계, 받은 정보를 분석하고 처리하여 판단을 내린다.
- 세 번째 단계, 판단을 행동으로 옮겨서 아웃풋을 만들어낸다.

인간과 기계의 차이는 각 단계에서 정보를 받아들이고 반응하는 방식에서 드러난다.

첫 번째 단계, 인간은 최초로 인풋 된 정보를 말이나 냄새, 충격 등의 오감으로 느낀다. 기계는 정해진 입력 신호만을 받아들이지만, 인간은 좀 더 복잡하다. 같은 정보라도 상대방의 입장이나 말투에 따라 언어의 인상이 달라지고, 그 말을 듣는 타이밍, 주변 환경, 누구와 함께 듣는지, 자신에게 어떤 이득이 되는지 등의 맥락을 고려한다. 이렇듯 모든 것이 정보에 영향을 미친다.

두 번째 단계, 판단을 내릴 때 기계라면 설정된 프로그램에 의해 선택하고 대답하기 때문에 언제나 같은 판단을 내리며 정보가 충분하지 않을 경우는 계산을 중지한다. 그러나 인간은 다양한 정보를 고려하여 판단을 내린다. 기분이나 주변과의 관계 등도 판단에 영향을 미친다. 예를 들어, 그날따라 유독 짜증이 나서 평소와 다르게 생각하거나, 고립을 걱정하여 다른 사람의 의견을 신경 쓰는 등 상황에 따라 판단이 달라진다.

세 번째 단계, 판단을 내리면 행동으로 이어진다. 기계는 입력된 내용에 대해 항상 동일한 결과를 아웃풋 하지만, 인간은 판단과 행동이 일치하지 않는 경우가 있다. 분위기에 휩쓸려서 불필요한 물건을 구매하는 행위가 대표적으로 그에 해당한다. 이처럼 인간과 기계는 단계마다 수용 방식과 대응이 크게 다르다.

이제 이 세 단계를 연결하는 두 개의 선에 주목해 보자.

정보와 판단 사이에는 '바이어스Bias'가 존재한다. 인간은 다양한 정보의 영향을 받고, 자체적인 사고방식도 갖추고 있다. 여기에는 행동경제학의 다양한 이론들이 관련되어 있다. 또한, 판단과 행동 사이에서는 의도적으로 사용자에게 영향을 미칠 수 있다. 조건이나 선택지를 조정함으로써 사용자의 행동을 유도하는 것이 가능하다. 행동경제학의 '넛지 Nudge' 개념이 여기에 적용된다.

편의성·효율성을 뛰어넘는 상품·서비스를 개발하려면, 바이어스와 넛지라는 두 가지 개념을 이해하는 것이 중요하다. 바이어스의 메커니즘을 이해하면 사용자에게 바람직한 정보를 제공하는 방법을 모색할 수 있고, 넛지 기법을 활용하면 사용자에게 바람직한 행동을 유도하는 디자인을 구상할 수 있다.

이어서 바이어스와 넛지에 관해 알아보자.

06 8개의 바이어스

많은 사람이 행동경제학은 전체상을 파악하기가 어려운 학문이라고 말한다. 개별 이론에 관한 수많은 연구가 발표되고 있지만 이를 분류하거나 관계를 정리한 책은 그리 많지 않다.

기본 분류는 대니얼 카너먼 Daniel Kahneman 이 제안한 시스템 1과 시스템 2이다. 행동경제학의 명저 《생각에 관한 생각》에서는 시스템 1을 빠른 사고(=직관)로 시스템 2를 느린 사고(=숙고)로 구분하고 있다. 행동경제학 이론의 대다수가 시스템1에 해당한다. 그러나 각각의 이론이 시스템 1에서 어떻게 연관되는지를 이해하는 것은 학자가 아닌 이상 쉽지 않다.

따라서 이 책에서는 '인간은 무엇에 영향을 받는가?'라는 질문을 중심으로 행동경제학 이론을 분류하고자 했다. 이 분류 방식에 명확한 정의나 근거는 없지만 '사용자 관점에서 생각하고 비즈니스에 활용한다'는 목적을 기저에 두고 고민한 결과, 8가지 유형의 바이어스로 정리할 수 있었다.

- 바이어스 1. 타인을 의식한다.
- 바이어스 2. 주변 환경에 영향을 받는다.
- 바이어스 3. 시간이 지나면 인식이 바뀐다.
- 바이어스 4. 거리를 의식한다.
- 바이어스 5. 조건에 따라 선택을 바꾼다.
- 바이어스 6. 틀 안에서 이해한다.
- 바이어스 7. 감정에 따라 반응한다.
- 바이어스 8. 결단에 구애받는다.

8가지 바이어스 각각에 관해서는 2장에서 자세히 다루기로 하고, 여기서는 이들을 크게 두 가지 포지셔닝으로 나눠서 살펴보자.

바이어스 1~4는 환경적 요인으로 사회 및 일상생활이 미치는 영향과 관련이 있다. 기계라면 어떤 환경이든 분위기를 읽을 수 없지만, 인간은 그렇지 않다. 상대방이 눈앞에 있는지, 주변에 다른 사람이 있는지, 시간과 공간의 거리에 따라서도 인지하는 방식과 판단이 달라진다.

바이어스 5~8은 심리적 요인으로, 입력된 정보가 필터링되는 상태이다. 인간은 기계보다 더 많은 정보를 받아들이기 때문에 판단이 일관되지 않는다. 생각에는 전제 조건이 있고 사고의 틀이 정해져 있으며 그때의 기분이나 과거의 결정에도 영향을 받는다.

이렇듯 큰 그림으로 그리고 보면, 행동경제학의 모든 이론을 알지 못해도 무엇이 사용자에게 영향을 미치는지 유추할 수 있다. 어쩌면 아직 이론으로 정립되지 않은 새로운 바이어스 요인을 발견할 수도 있다.

비즈니스에서 바이어스를 발견하려면 무엇보다 먼저 사용자를 관찰하는 것부터 시작해야 한다. 막연한 관찰로는 알아차리기 어려운 것들도 관점을 가지면 많은 것을 발견할 수 있을 것이다.

이 8가지 분류는 다시 말해, 사용자를 관찰할 때 체크해야 할 항목이라고 할 수 있다.

07 4개의 넛지

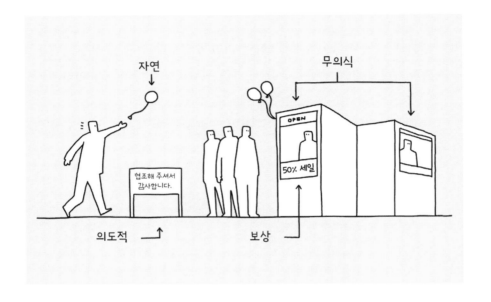

'바이어스'에서는 행동경제학과의 관계를 인풋의 관점에서 정리해 보았다. 이번에는 아웃풋의 관점에서 사용자가 바람직한 선택과 행동을 하도록 유도하는 '넛지'의 메커니즘과 방법을 알아보자.

2017년 노벨경제학상을 받은 리처드 탈러 Richard H. Thaler 와 캐스 선스타인 Cass R. Sunstein 이 제안한 개념인 '넛지 Nudge'는 '팔꿈치로 가볍게 찌르는 것'을 의미한다. 넛지는 강요가 아닌 사용자 본인도 눈치채지 못할 만큼 자연스럽게 행동을 유도하는 것이 특징이다. 다만 강제하지는 않더라도 사용법에 따라 악용될 우려가 있기 때문에 윤리의식과 사회성을 전제로 해야 한다.

넛지는 사용자가 행동을 취하도록 유도하는 실용적인 기법이다. 상품·서비스에 어떤 의도를 부여한다는 점에서 넛지는 디자인 그 자체로도 볼 수 있다. 디자인은 색상이나 형태뿐만 아니라 메시지 전달 방식, 서비스 흐름, 상품 전략 등 다양한 영역에 적용될 수 있다.

넛지로 행동을 유도하는 4가지 접근법에 대해 알아보자.

- 디폴트(무의식적으로 유도)
- 장치(자연스럽게 유도)
- 라벨링(의도적으로 유도)
- 인센티브(보상으로 유도)

디폴트와 장치는 사용자가 거의 의식하지 못하는 넛지이고, 라벨링과 인센티브는 사용자가 의식은 하되, 선택은 사용자에게 맡기는 방식이다.

디폴트는 가장 간단한 방법으로 사용자가 선택하지 않도록 하는 기본 설정이다. 애초에 선택되어 있으면 사용자가 굳이 고민하지 않아도 되므로 쉽게 행동할 수 있다.

장치는 사용자가 무의식적으로 선택하게 만드는 방법이다. 네덜란드 공항 남자 화장실의 파리 스티커로 유명해진 넛지는 파리를 표적으로 삼게 유도함으로써 화장실을 깨끗하게 사용하는 효과를 가져왔다. 강제하지도 않고 거의 의식하지도 않으면서 사용자 측과 비즈니스 측 모두에게 바람직한 행동을 유도한다.

라벨링은 화장실에 '항상 깨끗하게 이용해 주셔서 감사합니다'라는 문장을 써서 사용자의 바람직한 행동을 유도하는 방법이다. 강제성은 없지만, 파리 스티커 이상으로 사용자의 의식에 작용한다.

인센티브는 더 직접적인 방법으로 돈과 같은 보상을 활용하는 설정이다. 사용자의 만족도를 높이기 위해 선호하는 옵션을 제공함으로써 단순한 손익을 넘어선 관계를 맺을 수 있다.

넛지의 효과는 문제 해결 아이디어와 밀접한 관련이 있다. 같은 넛지라도 장면과 상황에 따라 인상이 달라지며 작은 아이디어가 사용자의 행동을 일으키는 결정적인 역할을 하기도 한다.

넛지를 적용하는 방법에 대해서는 3장에서 자세히 다룰 예정이다.

08 바이어스와 넛지로
행동을 바꾼다

앞서 배운 내용을 정리해 보자. 행동경제학은 편의성과 효율성 같은 스펙뿐만 아니라 사용자의 감정과 선호도에도 주목하여 행동을 변화시킬 수 있는 학문이다. 또한 행동경제학과 디자인은 모두 사용자 관점에서 생각하는 공통점이 있다. 사용자는 기계와 달리 환경과 감정에 영향을 받으며 인풋과 아웃풋의 과정에서도 기계와 다르게 반응한다.

인풋 단계에서는 8개의 바이어스가 정보를 수용하는 인지에 영향을 미치고, 아웃풋 단계에서는 4개의 넛지가 행동을 유도한다. 이러한 흐름을 그림으로 정리하면 다음과 같다.

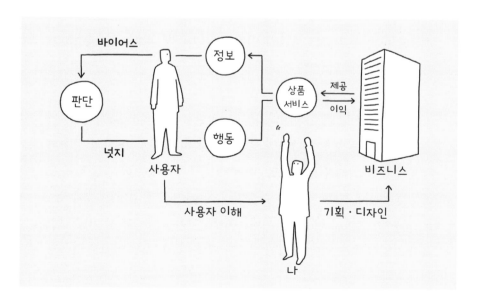

차례로 살펴보자. 먼저, 사용자와 비즈니스 사이에는 양자를 연결하는 상품·서비스가 있다. 다음으로 사용자는 비즈니스 측이 디자인한 상품·서비스 정보를 전달받게 되는데, 그 사이에는 8개의 바이어스가 영향을 미친다.

8개의 바이어스는 사람, 주변 환경, 시간, 거리와 관련된 환경적 요인과 조건, 틀, 기분, 결정과 관련된 심리적 요인으로 크게 나뉜다. 정보를 받아들일 때 이러한 요인들이 포함되면 상품·서비스에 대한 인상이 달라진다. 또한 사용자가 상품·서비스에 대응하여 어떤 행동을 하는 동안 사용자를 자극하는 넛지가 영향을 미친다. 넛지가 작용하는 방식에는 무의식적, 자연적, 의도적, 보상의 4가지 유형이 있다. 특정 상품·서비스를 선택하고 사용을 고려할 때, 넛지의 부추김이 더해지면 사용자가 취하는 행동도 달라진다.

만약, 사용자가 기계라면 바이어스나 넛지의 영향과 상관없이 인풋된 정보에 항상 일관된 방식으로 반응하고 동일한 행동을 취하기 때문에 제공하는 상품·서비스의 매출을 쉽게 예측할 수 있다. 하지만 인간 사용자는 정보-판단-행동 사이를 연결하는 바이어스와 넛지의 영향에 따라 도출되는 결과가 달라진다. 따라서 정확하게 예측하기가 어려울 수밖에 없다.

상품·서비스를 기획하고 디자인할 때 단순히 편의성, 효율성 등 기계가 판단할 수 있는 요소만으로는 충분하지 않다. 사용자의 상황과 감정에 대한 이해를 바탕으로 한 정보 전달과 사용자의 행동을 유도하는 시스템에 대한 고려가 필요하다. 바이어스와 넛지를 효과적으로 활용할 수 있다면 상품·서비스의 매출이나 화제성 등 비즈니스 결과도 달라질 수 있다. 이것이 사용자 대상 비즈니스의 어려운 점이자 재미있는 점이기도 하다. 상품·서비스의 스펙을 기준으로 생각하는 것이 아니라, 사용자 관점에서 '이 상품에 대한 정보를 접했을 때 사용자는 어떤 인상을 받을까?', '사용자가 구매 결정을 내리게 되는 계기는 무엇일까?'라는 관점에서 생각하는 것이 중요하다.

참고로, 상품·서비스 기획이나 디자인을 담당하고 있다면, 사용자와 비즈니스 사이에 서야 한다. 회사에 소속된 입장으로 비즈니스 측에만 서 있으면 사용자의 행동과 목소리를 올곧이 이해하기 어려울 뿐만 아니라, 항상 회사 관점을 우선하는 비즈니스 필터를 벗지 못하게 된다. 그래서는 사용자가 원하는 상품·서비스를 기획하고 디자인하기 어렵다.

사용자의 니즈를 이해하고 그것을 구체적인 기획과 디자인으로 전환해야만 양자를 연결할 수 있게 된다. 비즈니스 조직의 틀에 갇히지 말고 의식적으로 사용자에게 다가가자. 결국 상품·서비스를 만드는 존재도 기계가 아닌 인간이니 말이다.

1장에서는 행동경제학과 디자인의 연관성에 대해 소개했다. '사용자-상품·서비스-비즈니스' 사이에서 각 요소가 어떻게 상호작용하며 영향을 미치고 있는지 살펴보면서 행동경제학이 비즈니스에 어떻게 적용될 수 있는지 큰 그림을 그려 보았다.

이어지는 2장에서는 8개의 바이어스, 3장에서는 4개의 넛지와 실천 방법에 관해 자세히 알아보자.

2장

바이어스

———

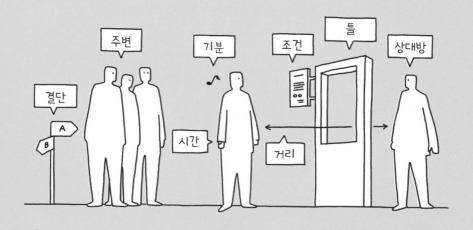

바이어스 1

타인을
의식한다

누군가가 나를 계속 지켜보고 있다면 그 존재를 의식하지 않을 수 없다. 인간은 자기 자신만 고려하는 것이 아니라, 타인을 배려하며 행동한다. 우리는 상호 협력하여 성장할 수도 있지만, 반목하며 갈등할 수도 있다. 상대방의 관점을 이해하고 적절히 활용하면 사용자의 행동을 긍정적인 방향으로 변화시킬 수 있다.

09 피어 효과
(함께 노력한다)

Key Point

- 상대방으로 인해 적당한 압박을 느끼면 퍼포먼스가 상승한다.
- 경쟁자와 평등한 관계에서 합리적인 수준의 역량을 갖춘다.
- 경쟁 구도 속에서도 의식은 상대가 아닌 자신을 향하게 한다.

행동 특징

혼자 100m를 달릴 때보다 여러 명이 함께 달릴 때 기록이 더 좋은
이유는 함께 하는 동료들이 서로에게 향상심을 불러일으키고, 결과

적으로 퍼포먼스가 향상되기 때문이다. 이러한 현상을 '피어 효과(동료 효과)'라고 한다. 피어 ^{Peer}는 나이, 지위, 능력 등이 동등한 동료를 의미한다. 피어 효과는 동기, 동료, 경쟁자 관계에서 상호 간의 활동에 영향을 주고받으며 성과가 향상하는 효과로 이어진다.

1898년 자전거 경주 실험을 통해 혼자일 때보다 다른 선수와 함께 경쟁할 때 기록이 더 빨라진다는 연구 결과가 나왔다. 이후 여러 실험에서도 피어 효과가 입증되었다. 피어 효과는 직접 경쟁에 참여하지 않아도, 타인에게 보인다는 사실을 의식하는 것만으로도 열심히 하려는 의지가 작용하여 더 나은 결과를 끌어낸다.

다른 예로 슈퍼마켓 점원들을 관찰한 결과, 동료의 계산대 생산성이 높아지면 다른 직원들의 생산성도 조금 더 높아지는 것으로 나타났다. 그러나 상대방이 보고 있을 때만 생산성이 높아지며, 자신만 상대방을 보고 있을 때는 생산성이 변하지 않았다.

수영 선수를 관찰한 사례에서는 상대 선수의 실력이 자신보다 뛰어난지에 따라 기록이 달라지는 경향을 보였다. 자신보다 느린 선수가 옆 레일에 있을 때는 기록을 앞당기는 데 비해 자신보다 월등히 빠른 선수가 옆 레일에 있을 때는 오히려 본인의 종전 기록보다 뒤처지는 결과가 나왔다. 또한 주변을 보기 어려운 영법인 배영에서는 피어 효과가 나타나지 않았다. 더불어 우수한 선수가 팀에 합류하면 기존 선수들에게 긍정적인 자극이 되어 기록이 향상되는 경향도 관찰되었다.

결론적으로 피어 효과는 조금만 게을리하면 지는 결과를 가져올 수 있지만, 최선을 다하면 이길 수 있는 적당한 압박과 자신에게 맞는 역량의 관계가 필수적이다. 이러한 적당한 압박감과 적절한 난이도를 활용하는 피어 효과의 사례를 사회 곳곳에서 많이 볼 수 있다.

- 100미터 달리기, 수영, 경마 등의 스포츠 경기
- 재즈 연주 등에서 볼 수 있는 잼 세션
- 성적순으로 좌석을 배정하는 학원
- 직장 동료(자기 스스로 동기를 라이벌로 의식함)
- 동종업계 기업 간 경쟁
- 페어 프로그래밍(한 컴퓨터로 두 프로그래머가 짝이 되어 작업하는 방법)

적당한 수준의 라이벌(노력하면 능가할 수 있는 존재) 관계는 성장과 경쟁을 촉진하는 효과가 있다. 하지만 지나친 라이벌 의식은 상대방을 공격하는 데 의식이 집중되기 때문에 자신의 성장과 무관한 일을 할 가능성이 높아진다. 예를 들어, 라이벌과 경쟁하면서 성장하는 운동선수의 경우 피어 효과가 작용하지만, 라이벌의 약점을 이용해 승진하려는 직장인의 경우 자기 본연의 성장에는 관심이 없으므로 피어 효과가 작용하지 않는다. 라이벌이 있더라도 의식은 항상 자신을 향하도록 집중하는 것이 중요하다. 승패만 따지는 지표가 아니라 자신의 성장과 발전을 느낄 수 있는 지표를 그려야 한다는 점을 잊지 말자.

활용 방법

활용 1. 모르는 사람과 연결한다

2015년 일본에서 출시된 '민차레みんチャレ'는 혼자서는 꾸준히 하지 못하는 작심삼일 습관을 개선하는 앱이다. '함께라면 이룰 수 있다'는 콘셉트 아래 같은 목적을 가진 다섯 명이 한 조를 이뤄 서로의 활동을 공유한다. 콘셉트뿐만 아니라 세부적인 시책도 피어 효과를 유도하는 장치가 설계되어 있다. 예를 들어, 다섯 명이 있으면 누군가 한 명은 반드시 반응하게 되고, 직접 대면한 적이 없는 관계이므로 어울

려 친해질 수 없고 호의를 기대하기 어려운 환경이라는 점 등이 적당한 압박감을 느끼게 한다.

활용 2. 비슷한 사람끼리 연결한다

온라인 언어 학습 서비스 '듀오링고 Duolingo'는 같은 레벨의 사용자들끼리 포인트로 경쟁하는 시스템을 갖추고 있다. 혼자서는 꾸준히 하기 어렵고 자신보다 뛰어난 사람이 곁에 있으면 좌절할 수 있지만, 자신과 비슷한 사람과 비교 경쟁하다 보면 '지지 않겠다'라는 성장 의지를 높일 수 있다. 적절한 수준의 경쟁 구조는 바이어스 7에서 소개할 게이미피케이션과도 밀접한 관계가 있다.

활용 3. 자기 복제를 활용한다

닌텐도 게임 '마리오 카트 Mario Kart'에는 자기의 종전 기록과 경쟁하는 '고스트' 기능이 있다. 현실에서는 자신과의 경쟁이 어렵지만, 디지털 기술을 활용하면 자신을 눈앞에 등장시켜서 경쟁상대로 삼을 수 있다. 이처럼 인간에게는 자신의 과거 스포츠 기록이나 학업 성적을 뛰어넘고 싶은 의식이 작용한다. 자기와의 경쟁은 핑계를 댈 수 없으며 자신의 단점을 파악할 수 있어 많은 이점이 있다. 가장 가까운 라이벌은 자기 자신이라고 할 수 있다.

10 사회적 선호
(상대에 대한 배려)

Key Point

- 상대방에게 자신의 일부를 나눠주고 싶어 한다.
- 자신의 성격이나 상대와의 우열 관계에 따라 배려의 대응이 달라진다.
- 여유가 있을수록 이타심이 커진다.

행동 특징

우리는 타인과의 상호작용에서 상대방의 반응과 주변 분위기를 읽는 경향이 강하다. 이렇게 상대를 의식하고 행동하는 특성을 '사회적 선호'라고 한다. 사회적 선호를 알아보는 실험 중 하나로 '독재자 게임'이 있다. 자신과 상대방이 받는 돈의 배분을 결정하는 간단한 테스트이다. 이기적인 사람이라면 상대방에게 한 푼도 주지 않을 것으로 예상되지만, 실험 결과 많은 사람들이 상대방에게 나눠 주는 경향을 보였다. 예를 들어 10,000원이라면 자신은 7,000원을 가져가고 상대방에게 3,000원을 주는 정도로 배분하는 경우가 많았다. 흥미로운 점은 주는 쪽은 자신이 70% 이상을 가져가면 과도한 것 같아서 불편한 기분이 드는 경우가 많았고, 받는 쪽은 30%보다 적으면 "그럼 안 줘도 돼, 나는 안 받아도 괜찮아."라고 거절하는 경우가 많았다고 한다.

상대에 대한 배려의 정도는 각자의 성격과 상황에 따라 달라진다. 개인의 성격적 특성에 따라 상대방보다 우월하기를 원하는 사람, 상대방과 모두의 행복을 중요하게 여기는 사람의 차이가 있다. 이러한 성격적 차이에 상황의 변화가 더해지면 상대를 이기고 싶은 욕구, 균등하게 나누고 싶은 욕구, 상대에게 양보하고 싶은 욕구 등 다양한 감정이 드러난다.

이러한 요소들이 결합하여 더 많이 차지하려는 사람, 균형을 맞추려는 사람, 패배를 억울해하며 반격하려는 사람, 승패를 떠나 탁월한 성과를 이루고자 하는 사람, 또는 단순히 상대가 좋은 상황에 있기를 바라는 사람 등 성향이 나누어진다. 이는 사회적 선호라고 해서 모든 사람이 항상 긍정적으로 반응하는 것은 아님을 의미한다. 그러나 혼자일 때보다 누군가가 함께할 때 이기적인 사고가 억제되는 경향이 있다. 사회적 선호가 기능하기 위해서는 사회적 소속감과 안정감을 느끼는 것이 중요하다. 자신에게 여유가 있어야 상대를 배려하는 마음이 발현되기 때문이다.

심리학자 매슬로는 인간의 욕구가 5개의 계층을 이루고 있으며 그 중 최상위는 자아실현 욕구라고 정의했다. 그러다 말년에 이르러 타인과 사회를 의식하는 '자기 초월' 개념을 추가하여 6단계로 발전시켰다. 이에 따르면 5단계 욕구가 모두 충족되었을 때 타인에 대한 배려 의식이 높아지는 것이다. 그러나 반대로 5단계가 충족되지 않은 상태, 특히 생리적 욕구와 안전의 욕구가 충족되지 않은 상태에서는 사회적 선호가 작동하지 않을 수 있다. 경제 상황이 불안정하거나 범죄율이 높은 지역에서는 타인을 배려할 여유가 부족하여 환경 문제나 사회 공헌 활동에 참여하기 어려울 수 있다. 사회적 선호를 발휘하기 위해서는 무엇보다 마음의 여유가 필수적이다.

활용 방법

활용 1. 모두의 주제로 만든다

예를 들어, '자원을 소중히 하자'는 메시지에 '우리 사회를 위해', '미래의 아이들을 위해'라는 말이 더해지면 타인을 위해 행동하는 의식이 높아진다. 이렇게 공공성이 강조되는 주제에서는 주어를 We(우리)로 사용하면 사회적 선호가 더욱 작용한다. 참고로 비틀스의 후기곡 가사에도 We를 사용한 구절이 많이 등장하는데 이는 공동체 의식과 상호 연대감을 강조하기 위한 표현으로 해석될 수 있다.

활용 2. 얼굴을 보여준다

인간은 상대방의 얼굴을 보면 그 사람을 의식하고 행동하게 된다. 예를 들어, 상대방이 곤란한 표정을 짓고 있으면 도와주고 싶어지고, 기쁜 표정을 짓고 있으면 행복한 기분을 망치고 싶지 않다고 생각하게 된다. 상대방의 의식을 유도할 때는 We 메시지로 공감을 끌어내는 것이 좋지만, 구체적인 행동으로 연결하기 위해서는 He/She로 상대방을 특정하여 표현하는 것이 효과적이다.

활용 3. 사전에 정보를 인풋 한다

다수의 의견을 듣게 되면 주변의 영향을 받아 개인 의견을 드러내기 어려워진다. 주변과의 조화를 의식하며 발언하고 행동하도록 유도하고 싶다면 사전에 정보를 인풋 해 주어야 한다. 그래야 주어진 정보를 고려하여 자신의 의견을 형성하게 된다. 반대로 개인의 생각을 솔직하게 말하길 원할 때는 정보를 인풋 하지 않는 것이 바람직하다. 그래야 주변의 영향을 받지 않고 자신의 의견을 자유롭게 표현할 수 있게 된다.

활용 4. 기념품 같은 장치를 제공한다

여행 기념품을 가족이나 지인들과 나누는 행위는 사회적 선호의 한 예이다. 이러한 원리를 활용하여 서비스 일부를 체험 형태로 제공하면 어떨까? 사용자들은 기념품을 나누듯 지인들과 무료 체험 정보를 공유할 것이고 이를 통해 관심 있는 사용자들을 늘릴 수 있다.

활용 5. 토론의 장을 마련한다

서로의 생각이 다를 때는 대화를 통해 서로의 상황을 이해하고 결정을 바꿀 수도 있다. 상대방의 처지를 공감하는 '피차일반'의 관점을 깨달으면, 더 나은 선택을 할 수 있는 시야를 갖게 된다. 특히 복잡한 문제에 대해서는 다수결과 같은 수치적 지표에 의존하기보다 토론의 장을 마련하여 의견을 공유하고 조율하는 편이 더 나은 결정을 내릴 수 있다.

11 반보성
(보답의 습관)

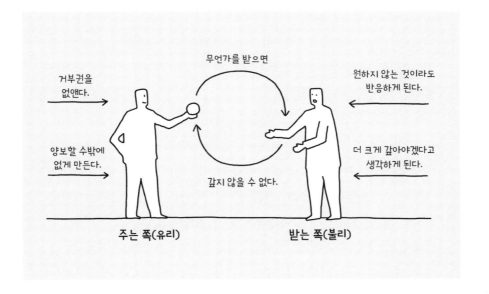

거부권을 없앤다.

양보할 수밖에 없게 만든다.

무언가를 받으면

갚지 않을 수 없다.

원하지 않는 것이라도 반응하게 된다.

더 크게 갚아야겠다고 생각하게 된다.

주는 쪽(유리)

받는 쪽(불리)

Key Point

- 무언가를 받으면 보답하고 싶은 욕구가 생긴다.
- 반보성은 주는 쪽이 유리하고, 받는 쪽이 불리한 면이 있다.
- 부채 의식이 강하면 대등한 관계를 형성하기 어렵다.

행동 특징

상대방으로부터 무언가를 받으면 그에 대한 대가로 무언가를 주고 싶은 마음이 생긴다. 이러한 상호 작용을 반보성이라고 한다. 간단히 말해 '보답'의 습관이다. 반보성은 권력자 간의 선물이나 무역, 여행 기념품, 무료 샘플 등 교환이 일어나는 사회 활동과 관련이 깊다.

반보성에는 주의해야 할 점이 있다. 바로 교환의 거래가 대등하지 않을 수 있다는 것이다. '공짜보다 비싼 것은 없다'는 격언은 반보성의 위험을 그대로 내포하고 있다. 구체적으로는 다음과 같은 4가지 불평등한 관계가 작용한다.

첫째, 거부권이 약해진다. 평소에는 냉철하게 판단하고 거절할 수 있지만, 한 번 무언가를 받으면 작은 부탁조차 거절하기 어려워지는 불리한 상황에 놓이게 된다.

둘째, 원하지 않는 것에도 응답하게 된다. 원하는 것이든 원하지 않는 것이든 모두 반보성이 작용한다. 선물을 받으면 좋고 싫고를 떠나 반보성의 관계가 형성되므로 선택의 여지가 없어진다.

셋째, 더 크게 돌려주어야 한다는 생각이 든다. 보답은 동등한 것이 아니라 받은 것보다 더 많이 돌려주려는 경향이 있다.

넷째, 양보할 수밖에 없게 된다. 집을 방문한 사람과 문 앞에서 나누는 대화에서 유래하여 '도어 인 더 페이스Door in the face'라고도 불리는 기법이 있다. 먼저 절대 들어주지 않을만한 큰 요구를 하고, 상대방이 응당 거부하면 그다음에는 작은 요구를 해서 '그 정도면 뭐…'라고 생각하도록 유도하여 요구를 관철하는 것이다. 처음에 거절했으니 다음에는 무언가를 돌려줘야 한다는 마음이 작용한다.

반보성은 불평등한 관계가 되기 쉽지만, 사용자는 공급자와 대등한 관계를 기대한다. 대등한 관계일수록 지속해서 사용할 가능성이 높아진다. 따라서 상품·서비스를 제공할 때 건강한 관계 형성을 의식해야 한다. 업무 관계도 '함께 만들어가는 관계'인지 '주문과 수탁의 관계'인지에 따라 장기적으로 유지될 수 있는지 아닌지가 결정된다.

활용 방법

활용 1. 먼저 감사의 마음을 전한다

화장실에 '항상 깨끗하게 사용해 주셔서 감사합니다'라는 메시지를 붙여 놓는 것도 반보성의 사례 중 하나이다. 먼저 감사를 표현하면 사용자는 이에 보답하기 위해 '깨끗하게 사용해야 한다'는 의식이 작용하게 된다. 설명서, 출입구, 이용 시작화면 등 다양한 상황과 장소의 시작 부분이 먼저 감사를 표현하는 기회로 활용될 수 있다.

활용 2. 그 자리에서 마무리한다

'기대해 주세요'와 같이 보답을 의식하게 만드는 표현을 많이 쓰면, 보답이 없을 때 실망감을 줄 수 있고 사용자와의 대등한 관계를 유지하기 어려워진다. 상품·서비스를 통해 무언가를 제공할 때는 '감사합니다'처럼 기대감을 주지 않는 단순한 메시지가 더 적합하다.

활용 3. 서로 보답한다

21세기의 비즈니스는 단순히 상품을 판매하는 것에서 벗어나 사용자와 장기간에 걸쳐 관계를 맺고 지속해서 서비스를 제공하는 형태로 진화하고 있다. 이러한 변화의 대표적인 예가 정기 구독 형태의 서브스크립션 subscription 모델이다. 관계를 유지하기 위해서는 단순히 일방적으로 서비스를 제공하는 것이 아니라 상호 관계가 필요하다. 이를 위해서는 사용자의 반응을 주시하고 그에 맞게 품질을 개선하거나 선물 등의 형태로 되돌려주는 상호성이 중요하다. 반보성은 항상 지속되는 상태(사이클이 돌고 있는지)임을 의식해야 한다.

시뮬라크르 현상
(얼굴의 힘)

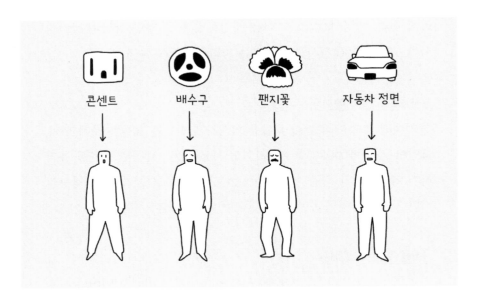

콘센트　　　배수구　　　팬지꽃　　　자동차 정면

Key Point

- 인간은 인간의 얼굴을 강하게 의식한다.
- 대상물이 얼굴처럼 보이면 친밀감이 생긴다.
- 시선이 마주치면 상대의 페이스에 말릴 수 있다.

행동 특징

　사람이 가장 흥미롭게 여기는 대상은 사람이다. 그러므로 사람을 활용한 포스터나 홍보물은 강력한 효과를 발휘할 수 있지만 때로는 위험성을 내포하기도 한다.

지하철 광고를 살펴보면 거의 모든 포스터에 사람 얼굴이 등장하는 것을 알 수 있다. 내용이 인물과 직접적인 연관이 없는 경우도 많지만, 사람들은 얼굴이 없는 광고보다는 얼굴이 있는 광고에 더 주목하는 경향이 있으므로 더 깊은 인상을 남긴다. 이는 얼굴이 사람들을 끌어당기는 힘이 있다는 것을 보여준다.

사람들은 식물이나 인공물 등에서도 인간의 얼굴과 유사한 요소를 발견하려는 경향이 있다. 꽃잎 무늬, 자동차 전면, 콘센트 구멍이 얼굴로 보이기도 한다. 세 개의 점이 역삼각형으로 배치되어 있으면 인간의 얼굴로 인식하는 착각을 '시뮬라크르 Simulacre 현상'이라고 한다. 대상물이 얼굴처럼 보일 때 우리는 순간적으로 매력을 느낀다. 예를 들어, 컵이나 의자 등에 인간의 눈이나 입처럼 보이는 점과 선을 그려 넣으면 무기물인데도 친밀감이 느껴진다. 가정용 PC가 널리 보급되기 전, 맥 OS 운영체제는 컴퓨터 모니터에 얼굴 형태의 아이콘을 사용했다. 얼굴 아이콘은 사용자들에게 '컴퓨터는 무서운 것이 아니에요. 당신의 친구입니다'라는 친숙한 느낌을 전달하기 위해 붙인 장치였다.

얼굴은 대중의 사고를 지배하는 데 사용될 수도 있다. 마츠다 유키마사 松田行正의 저서 《독재자의 디자인 独裁者のデザイン》에 따르면, 과거 제국주의 시대의 광고에서는 얼굴을 크게 강조한 포스터를 많이 볼 수 있다. 특히 눈은 강력한 호소력을 가지고 있다. 정면을 똑바로 응시하며 간결한 언어로 말을 건네는 구도의 디자인은 보는 이들에게 도망칠 수 없는 인상과 항상 감시당하는 듯한 느낌을 주었다. 이러한 전략은 과거에 한정된 것이 아니며, 현대의 선거나 정당 포스터에서도 유사한 전략이 사용되고 있음을 알 수 있다.

인간의 얼굴은 디자인에서 다루기 어려운 주제 중 하나이다. 역사를 통해 우리는 사회를 움직인 많은 사건이 얼굴을 활용한 표현에서 비롯되었음을 알 수 있다. 따라서 이러한 주제를 다룰 때는 윤리적인 측면을 고려하여 신중하게 접근해야 한다.

활용 방법

활용 1. 눈으로 호소한다

유니세프와 같은 비영리 기관의 홈페이지나 포스터를 보면, 기부를 받는 사람의 얼굴이 우리를 응시하는 듯 정면을 향하고 있다. 또한, 문구도 '빈곤', '세계'와 같은 큰 메시지보다 포스터 주인공의 이름과 나이 등 한 사람의 얼굴을 구체화하는 내용을 담은 것이 많다. 이렇게 한 개인에게 포커스를 맞추는 전략은 기부를 유도하는 데 효과적이다. 다만 이는 자선 행위이기에 가능한 것이지, 정치나 경제 분야에서 이런 방식을 사용하는 것은 생각해 볼 문제이다.

활용 2. 표정의 가감을 조정한다

생물 형태로 제작된 초창기 로봇인 AIBO나 ASIMO은 디자인이 매우 뛰어나다. 그 이유 중 하나는 이 로봇들에는 표정이 없기 때문이다. 표정이 있으면 부정적인 측면이 많다. 예를 들어, 로봇이 침대 주변에서 밤새도록 사용자를 쳐다보고 있다면 편안하게 잠을 잘 수 있을까? 이에 반해 AI 스피커는 항상 연결되어 있어도 사용자가 크게 신경 쓰지 않는다. 이처럼 표정은 사용자에게 미치는 영향이 너무 강하기 때문에 얼굴을 붙인다고 해서 반드시 긍정적인 효과가 있는 것은 아니다.

활용 3. 본인을 등장시킨다

마트에서 파는 채소 포장에 '제가 직접 키웠습니다!'라는 메시지와 함께 생산자의 얼굴 사진을 넣은 디자인을 볼 수 있다. 이렇게 얼굴이 포함된 포장은 소비자들에게 생산자가 정성스럽게 재배한 채소를 상상하게 하여 상품 가치를 높이는 효과가 있다. 그러나 얼굴을 드러내는 것은 본인의 책임으로 이어진다는 것을 의미하기도 한다. 따라서 광고나 패키지 디자인에서 얼굴을 사용할 때는 본인이 상품·서비스에 대한 책임감과 의식을 가졌는지를 신중히 고려해야 한다.

13 권위
(복종하는 심리)

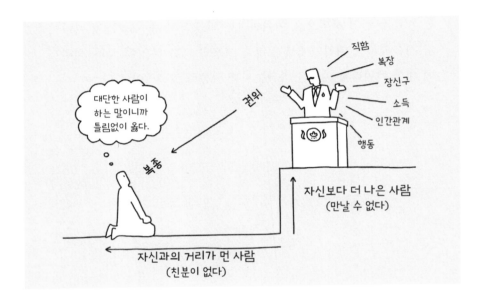

Key Point

- 지위가 높은 상류층 사람에게서 권위를 느끼게 된다.
- 직함이나 행동 등에 의해 권위가 강화될 수 있다.
- 불공정한 관계에 기반하므로 적재적소에 적절히 사용해야 한다.

행동 특징

상대방이 자신보다 대단한 사람으로 인식될 때, 종종 주도권을 상대방에게 넘겨주는 불리한 상황을 초래하게 된다. 예를 들어, 눈앞의 상대가 의사나 변호사임을 알게 되면 그 사람의 발언이 진정으로 신뢰할 수 있는지 의문을 제기하지 않고 무조건 '이 사람의 말이 옳다'고 생각하는 경향이 있다. 이런 상황에서 권위 있는 사람은 상대방을 자신의 편의대로 유도할 수 있게 된다.

권위를 강화하는 데는 두 가지 요소가 큰 영향을 미친다. 첫 번째는 상징적 요소이다. 제복을 입고 안경을 쓴 경찰관이 눈앞에 있으면, 실제 성격을 몰라도 질서정연하고 정의감이 강한 사람으로 인식하고, 그 앞에서는 더 정직하게 행동하려고 노력하게 된다. 두 번째는 부수적인 정보 요소이다. 유명인과 친분이 있거나 전문적인 지식을 보여주면 대단한 사람으로 여겨질 가능성이 높다. 이러한 요소들은 다음과 같은 방법으로 권위를 강화하는 데 사용될 수 있다.

- 직함: 직업, 학력, 직책, 업무 실적, 수상 경력 등
- 복장: 의사, 경찰, 파일럿의 유니폼이 특히 효과적이다.
- 장신구: 고급 시계, 안경 등
- 소득 및 생활 수준 : 돈의 사용처와 주거지 정보
- 인간관계: 혈연, 연예인, 저명한 전문가, 성공한 기업인 등
- 행동이나 말투: 당당하며 전문용어를 사용한다.

상징과 부수 정보로 권위를 위조하면 사기꾼이 탄생한다. 영화 〈캐치 미 이프 유 캔^{Catch Me If You Can 2002}〉의 주인공 프랭크 에버그네일은 조종사, 의사, 변호사를 사칭했고, 〈쿠히오 대령 ^{クヒオ大佐 2009}〉의 조나단 엘리자베스 쿠히오는 미국 공군 조종사이자 엘리자베스 2세 여왕의 친척이라며 결혼사기 행각을 벌인 인물이다. 또한 학력 위조 연예인 등의 사례도 모두 권위의 힘을 빌려 사람들을 속인 것이다.

권위가 강력한 힘을 가지는 이유는 무엇일까? 심리학자 밀그램^{Stanley}

Milgram의 유명한 복종 실험에서 그 근거를 찾을 수 있다. 피험자들에게
역할과 권위를 부여하면 평범한 사람도 우월한 태도로 행동하며 다
른 사람들을 지배하기 시작하는 것을 확인했다(단, 이 실험에는 불확실성
과 반론이 제기되고 있다). 이 실험 결과로부터 권위가 개입되면 누구나
지배의식과 복종 의식이 작용할 가능성이 있다는 점을 알 수 있다. 권
위 있는 인물에게 복종하는 심리에는 다음과 같은 원인이 작용한다.

- 전문성에 의존하는 것이 편하기 때문에
- 경쟁해도 이길 수 없기 때문에
- 자신과 관련 없는 세상이기 때문에

한 마디로 '자신보다 위에 있고 거리가 먼' 불공정한 관계이다. 그
러나 한편으로 세상은 평등한 관계를 추구하는 경향성이 강해지고
있다. 국가와 시민, 노인과 청년, 서비스 제공자와 이용자 등 계층적
인 관계의 격차가 점차 줄어들고 있다. 서로 '신뢰'를 쌓기 위해서는
기본적으로 평등한 관계를 유지해야 하며, 때로는 전문가로서 신뢰
받는 상황에서만 권위를 사용하는 등 적재적소에 바람직하게 활용해
야 한다.

활용 방법

활용 1. 전문가적 근거를 제시한다

발언의 신뢰도를 높이고 싶다면 "그것은 ~입니다, 왜냐하면 ~을
근거로 하고 있기 때문입니다."와 같이 전문적인 근거를 제시하는 것
이 효과적이다. 단, 직접적으로 지식을 과시하는 것은 조심해야 한다.

신뢰는 실적과 경험에 기반하므로 지식을 자신의 언어로 명확하게 전달하지 못하면 상대방은 발언에 타당성이 부족하다고 인식할 수 있다.

활용 2. 인용문을 사용한다

새로운 제안을 성사시키고 싶다면, 신뢰감을 바탕으로 상대방의 협조를 끌어내야 한다. 이때 효과적인 전략 중 하나가 인용문을 활용하는 것이다. 예를 들어, 위인의 명언을 스크린에 띄워 제안에 힘을 실어주는 기법도 있다. 좋은 의미에서 '호랑이의 위엄을 빌린 여우' 전법이다. 비즈니스 현장에서는 수치를 강조하는 방법이 흔히 사용되지만, 상대방의 이해와 공감을 얻고자 할 때는 인용문이 더 큰 효과를 발휘한다.

활용 3. 사용자의 말을 대신한다

회사 상사나 고객사 등 자신보다 지위가 높다고 인식되는 사람에게 권위를 사용하는 것은 어려운 일이다. 이런 상황에서 상품·서비스의 기획이나 디자인이 우수한 이유를 전달할 때, 사용자의 의견을 인용함으로써 권위의 힘을 활용할 수 있다. 사전 조사와 기획 단계에서 인터뷰를 통해 사용 대상자의 의견을 수집할 수 있다면, 상사나 클라이언트와의 상하관계에서 벗어나 동등한 위치에서 논의할 수 있게 된다. 이를 통해 더 적극적으로 아이디어를 제시하고 비즈니스 목표를 달성할 수 있다.

바이어스 2

주변 환경에
영향을 받는다

바이어스 1의 '타인을 의식한다'가 직접적인 영향력이라면, 바이어스 2의 '주변 환경에 영향을 받는다'는 간접적인 영향력을 가진다. '로마에 있을 때는 로마인처럼 행동하라'는 격언처럼 인간은 주변 환경이나 사회 분위기에 영향을 받지 않을 수 없다. 주변을 의식하게 되면 협동을 중시하는 마음, 집단에서 벗어나고 싶지 않은 욕구도 생겨나면서 사물을 상대적으로 바라보게 된다.

14 밴드왜건 효과
(유행을 따른다)

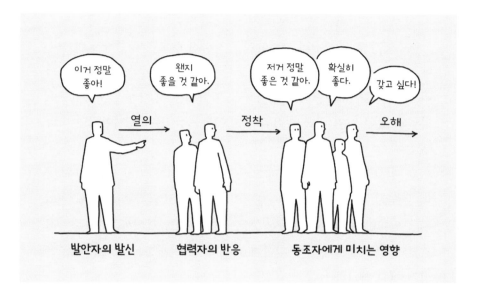

Key Point

- 여러 사람이 모여 있으면 자신도 동조하거나 참여하고 싶어지는 유혹을 느낀다.
- 첫 번째 사람은 내용에 주목하고, 두 번째 사람은 인물에 주목한다.
- 발안자와 동조자 사이를 이어주는 협력자가 붐을 확산시키는 계기가 된다.

행동 특징

음악 밴드 행진을 이끄는 선두 차량을 밴드왜건 Bandwagon 이라고 하며 그 뒤를 대열이 따르듯 사람들이 유행을 추종하는 현상을 밴드왜건 효과라고 한다. 군중, 광장 인파, 축제 행렬 등 사람들이 모여드는 현상도 이에 해당한다. '사람들이 모여 있으니 나도 가보자', '무슨 줄인지 모르겠지만 일단 나도 서 보자'는 식의 행동이다.

밴드왜건 효과는 주변 사람들이 인지하지 않으면 발생하지 않는다. 매장이라면 대기열 수, 광고라면 노출 횟수나 입소문 빈도, 디지털 서비스라면 '좋아요' 수 등이 해당한다. 따라서 타깃 사용자의 라이프스타일과 활동 범위 내에서 접점이 적으면 확산 범위도 제한적일 수밖에 없다.

붐 때문에 모이는 사람들이 모두 같은 동기를 가지고 있는 것은 아니다. 앞서 주목한 사람들은 '재미있다', '가지고 싶다'처럼 명확한 의지가 있지만, 뒤따르는 이들은 '사람들이 모여 있으니까 가보자'는 식으로 인간에게 주목하는 것이지 화제가 되는 제품이나 체험에 주목하는 것이 아니다.

붐은 '발안자 → 협력자 → 동조자'의 흐름으로 퍼져나간다. 이 중, 특히 중간 협력자를 어떻게 지휘할 수 있는지가 관건이다. TED 강연으로 유명한 데릭 시버스 Derek Shivers 의 〈운동이 시작되는 방법 How to start a movement〉이라는 3분짜리 동영상이 있다. 춤을 추는 한 사람에게 누군가가 동참하면 운동이 일어나지만, 아무도 함께하지 않으면 독무로 끝날 뿐이다.

여기서 배울 점은 처음에는 다수가 아닌 소수의 팬 그룹을 대상으로 시작해야 한다는 것이다. 불특정 다수를 바라보지 말고, 첫 번째 팬과 동료를 소중히 여겨야 한다.

일본에서 밴드왜건 효과의 달인으로 알려진 미우라 준^{みうらじゅん}은 일러스트레이터, 작가, 뮤지션, 평론가, 라디오 DJ 등 다양한 분야에서 활약하는 예술가이며 나열하기에도 벅찰 정도로 수많은 유행을 만들어 냈다. 대표적인 몇 가지 사례를 들어보면 다음과 같다.

- 마이붐^{マイブーム} : my boom, 자기 내부의 유행으로 현재 흥미를 느끼는 대상이나 수집품을 가리키는 미우라 준의 조어. 본인 역시 마이붐을 중심으로 작품을 제작하고 활동하며 관심을 불러일으켰다.
- 유루캬라^{ゆるキャラ} : 특산물이나 이벤트 홍보를 위해 만들어진 따뜻하고 편안한 이미지의 지역 마스코트 캐릭터로 대중의 많은 관심을 유도했다.
- 쿠소게^{クソゲー} : 조작성이 좋지 않거나 시스템 오류가 많거나 스토리가 지루하고 재미없는 게임을 지칭하는 조어이다.
- 불상^{仏像} : 만화 에세이 견불기, 영화 아수라전, 불상 피규어 등의 창작물로 불교에 관한 관심을 높이고 새로운 시각을 제시했다.
- 시베초^{シベ超} : 〈시베리아 초특급〉이라는 영화 타이틀의 약칭을 만들어서 일부 마니아에게만 알려졌던 영화를 화제의 반열에 올려놓았다.

이러한 붐 현상을 기업 조직도 광고업계 종사자도 연예인도 아닌 한 개인이 이루어 냈다. 그의 활동과 성과를 통해, 붐을 일으키는데 대규모의 광고와 홍보가 필요하지는 않다는 점을 알 수 있다. 미우라 준의 저서 《없는 일을 만드는 법^{ない仕事の作り方}》을 바탕으로 행동경제학의 관점에서 붐을 일으키는 활용 방법을 살펴보자.

활용 방법

활용 1. 자신이 먼저 좋아한다

먼저 발안자가 계기를 만들어야 한다. 붐은 누군가가 주목하고 다루지 않으면 화제가 될 수 없다. 그렇다고 주변 트렌드만 의식하다 보면 이미 확립된 트렌드에만 관심이 가게 된다. 남들이 관심을 두지 않는 것에 과감히 몰두할 수 있어야 숨겨진 매력을 발견하는 법이다. 무엇보다도 붐은 누군가의 '좋아함'에서 시작된다는 점을 명심하자. 기획자 본인의 진심 어린 애정과 열정이 담겨있지 않으면 사용자들에게도 전달되지 않는다.

활용 2. 이름을 붙인다

다음으로 발안자가 열정을 가지고 협력자에게 전달해야 한다. 다만 아직 세상에 없는 것을 그대로 이야기하면 상대방은 제대로 이해하지 못할 수 있다. 이때 효과적인 방법은 네이밍을 통해 카테고리를 각인시키는 것이다. 예를 들어, 앞서 나온 일본의 지역 홍보 마스코트 캐릭터인 '유루캬라'는 유유자적, 느긋함을 의미하는 '유루이 ゆるい'와 '캐릭터 キャラクター'의 합성어이다. 기억에 남는 이름을 붙임으로써 기존에 없던 새로운 카테고리를 인지할 수 있게 된다.

활용 3. 해석은 각자의 몫으로 맡긴다

협력자의 인지가 정착되고 동조자들이 확산시키면 붐이 일어난다. 다만, 이 과정에서 처음 발안자가 설정한 정의와 다른 방식으로 메시지가 전달될 수도 있다. 이때 억지로 정보를 통제하지 말고 자연스럽게 흘러가도록 내버려두는 것이 중요하다. 붐은 상향식으로 일어나는 현상이기 때문에 엄격하게 규칙을 만들고 통제하는 것은 도움이 되지 않는다. 그보다 사용자는 자유롭게 정보를 해석할 수 있으며 모든 결정의 중심에 있음을 인정하는 태도를 갖추는 것이 중요하다. 다시 말해, 저마다의 해석이 다를 수 있다는 것이 화제성을 키우는 데 도움이 된다.

15 허딩 효과
(소수파는 불안하다)

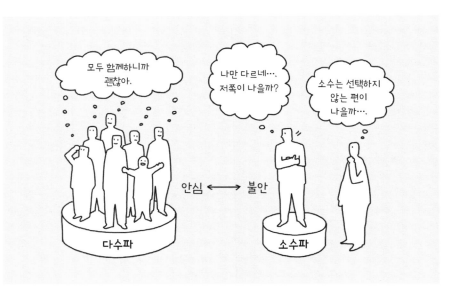

Key Point

- 다수파의 존재를 알게 되면 그 무리에 소속되고 싶어진다.
- 다수파에 속하면 안심하고 소수파에 속하면 불안해한다.
- 소수파의 불안을 자극하면 행동을 바꾸기는 쉽지만 부정적 인 상이 강해진다.

행동 특징

소수파는 그다지 편안하지 않다. 보통 '주변 사람들은 모두 A인데

나만 B'인 상황에 불안감을 느끼고 B에서 벗어나기 위한 행동을 시도한다. 이처럼 다수에 영향을 받는 것을 허딩 효과 Herding effect(양떼효과)라고 한다. 허딩 Herding은 '무리'라는 뜻으로 홀로 뒤처지거나 무리에서 동떨어지는 것을 꺼리는 형상을 말한다.

나무를 보는 서양인과 숲을 보는 동양인의 사고방식에 차이가 있듯이, 아시아권 사람들은 주변과의 관계를 강하게 의식한다. 특히 분위기 파악을 중시하는 문화권에서 이러한 경향이 두드러진다. 이를 상징적으로 보여주는 예로 침몰선 농담이 있다. 침몰 직전, 선장은 각국의 사람들에게 각기 다른 방식으로 바다에 뛰어들라고 설득한다. 고정관념이긴 하지만 국가별 특징을 잘 표현하고 있다.

- 미국인: 당신은 영웅이 될 수 있습니다.
- 영국인 : 당신은 신사입니다.
- 독일인 : 뛰어드는 것이 규칙입니다.
- 이탈리아인 : 뛰어들면 인기가 많아집니다.
- 프랑스인 : 뛰어들지 마세요.
- 일본인 : 다들 뛰어들고 있어요.

소수파의 불안 심리는 행동을 변화시키는 계기가 된다. 영국 관세청과 내각부의 행동통찰팀은 세금 체납자들을 대상으로 실증 실험을 진행했다. 5가지 독촉장 메시지를 보내고 납세율을 비교한 결과, 소수임을 강조한 메시지가 가장 효과적이었다. '영국에서 10명 중 9명은 세금을 성실히 납부하고 있습니다. 당신은 아직 세금을 납부하지 않은 소수에 속합니다.'라는 문구였다.

허딩 효과는 선택을 유도하는 영향력을 발휘할 때가 있다. 다수의 의견이 명백히 틀렸어도 자기 의견에 동조하는 사람이 없으면 '어쩌면 내가 틀렸을지도 모른다'며 생각을 바꾸게 만드는 것이다. 개인의 의견을 중시하는 미국에서조차도 이러한 경향이 나타난다고 한다.

상품·서비스 전환을 유도하기 위해 불안을 조장하는 광고를 종종 볼 수 있다. 이 역시 하나의 홍보 전략이지만, 모두가 이 방법을 남발하면 결과적으로 업계 전체에 대한 부정적인 이미지가 강해지고 언젠가는 외면당할 것이다. 불안감만 전달하는 데 그치지 말고 즐거움과 안정감을 느끼게 하는 긍정적인 전달 방식에도 눈을 돌려야 한다.

활용 방법

활용 1. 구체적이고 단계적으로 작성한다

사용자의 행동을 유도하는 메시지는 간결함만으로는 부족하고 최대한 구체적으로 의도를 전달하는 것이 중요하다. 앞서 소개한 영국의 독촉장 메시지 실험에서도 '10명 중 9명은'이라는 문구만으로는 큰 행동 변화가 관찰되지 않았지만, '당신은 소수에 속합니다'라는 표현을 추가한 결과 납세율이 증가했다. 핵심을 단계적으로 전달하되 문장 구조가 지나치게 장황하지 않도록 주의하자. 인터넷 보급 이후 사람들은 긴 글을 읽는 데 거부감이 줄어들었으므로 너무 짧게 정리할 필요는 없다.

활용 2. 불안감보다 안도감을 전달한다

사용자가 불안감을 느낄 때는 즉시 안심시켜 주는 것이 중요하다. 경험담을 소개하면, 해외 출장 후 며칠이 지난 어느 날 SMS로 '통신량이 많이 늘어났을 수 있습니다'라는 연락을 받았다. 불안한 마음에 고객센터에 전화를 걸었더니 상담원이 매우 차분하고 신뢰감이 느껴지는 말투로 "괜찮습니다."라며 먼저 안심시켜 주었다. 그리고 하나하나 상황을 확인하며 문제가 없음을 확인했고, 다른 사람들도 종종 같은 일을 겪는다는 이야기를 들은 후 통화를 끝냈다. 서비스에 만족한 것은 두말할 나위 없다.

활용 3. 소수자를 위한 자리를 만든다

스포츠팀이나 가수 그룹에도 소수파 팬들이 일정 수준 존재한다. 소수가 없으면 다수도 즐겁지 않다는 사실을 고려해야 한다. 따라서 소수파도 소중히 여겨져야 한다. 만약 규모가 작은 마이너나 소수자를 위한 상품·서비스를 취급하고 있다면 사용자가 편안함을 느낄 수 있도록 배려해야 한다. 이를 위해 소수파만의 핵심 팬층이 있다는 점을 강조하거나 메이저에는 없는 특별한 매력이 있음을 강조하는 것이 좋다. 소수지만 '당신은 혼자가 아니다'라는 메시지를 전달하는 것이 포인트이다.

16 내쉬 균형
(서로 연결되는 관계)

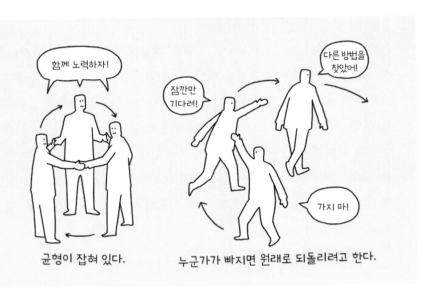

Key Point

- 삼각관계와 유사한 면이 있다.
- 경쟁적인 상황에서 발생하는 균형 상태이다.
- 장기적으로 지속될 수 있는 관계이다.

행동 특징

'내쉬 균형 Nash equilibrium'이란 빠져나올 수 없는 상태를 의미한다. 삼각관계로 생각해 보자. 남성 A와 B는 친한 관계이며, 이 둘은 여성 C

를 좋아하고 있다. C 역시 A, B와 좋은 관계를 유지하고 싶어 하므로 세 사람의 관계는 좋은 편이었다. 그러던 어느 날, A가 C에게 고백을 결심한다. B와 C는 그 상황을 원치 않기에, C는 A를 피하며 거리를 두었고, A와 B는 적대적이 되어 서로 반목하고 방해하는 등 각자의 관계를 조정한다.

- 고가형 호텔/저가형 호텔
- 쇼핑몰 식당가 한식/양식/일식/중식
- 자동차 제조사/딜러/중고차 판매점

대부분의 비즈니스에서는 상호 간의 균형이 이루어지고 있음을 알 수 있다. 예를 들어, 한 매장이 가격을 인하하면 경쟁 매장들이 이에 대응하기 위해 추격전으로 가격 인하 경쟁을 벌이게 된다. 그 결과로 모든 매장의 수익률이 떨어진다.

또는 한 업체만 살아남는 바람에 사용자 차원에서는 선택의 폭이 좁아져 시장이 침체할 수도 있다. 이런 상황에서는 경쟁자로 여겨온 상대와 협력하는 편이 오히려 이익이 될 수 있다는 것을 내쉬 균형의 관계를 통해 알 수 있다. 쉽게 말해 '서로에게 이익이 되는 관계'를 의미한다.

이러한 균형 상태는 일본 에도 시대 상인들이 중요하게 여긴 경제 이념과도 연결된다. 그들이 추구한 '판매자에게 좋고 구매자에게 좋고 세상 사람에게 좋고'는 지속해서 순환하는 비즈니스 모델을 의미한다. 비즈니스를 삼각관계로 바라보면 사용자에게도 회사에도 장기적으로 좋은 관계를 구축할 수 있다.

활용 방법

활용 1. 벤 다이어그램을 활용한다

벤 다이어그램은 원과 원 사이에 겹치는 부분이 있는데, 이곳이 바로 '서로'의 영역이다. 벤 다이어그램을 사용하면 회의에서 누군가가 '한 요소를 빼자'는 의견을 주장할 때, '한 개를 빼면 다른 두 개에도 영향을 미쳐 전체가 무너진다'고 설명할 수 있게 된다.

활용 2. 경쟁사와의 차이점에 주목한다

3C 분석은 '자사 Company', '경쟁사 Competitor', '고객 Customer'을 고려하여 비즈니스 환경을 분석하는 프레임워크이다. 3C 분석을 통해 자사와 경쟁사의 공통점과 차이점을 파악할 수 있다. 예를 들어, 가격 인하는 대부분의 기업이 채택할 수 있는 공통 전략에 해당하므로 경쟁사의 추격을 받게 될 것이다. 반면, 다른 회사에는 없는 차별화 전략을 구사하면 추격을 피할 수 있기 때문에 경쟁사와의 균형이 유지된다.

활용 3. 상호의존성을 인식한다

미래의 상품·서비스를 성공적으로 개발하려면 '비즈니스', '테크놀로지', '크리에이티브', 이 세 가지 요소가 균형 있게 작용해야 한다. 비즈니스(영업 부문)의 영향력이 너무 강하면 단기적인 매출 목표를 달성하기 위해 브랜드 이미지를 훼손할 우려가 있다. 기술(개발 부문)의 영향력이 너무 강하면 성능에 치우치기 쉽다. 크리에이티브(디자인 부문)의 영향력이 너무 강하면 수익성을 고려하지 않는 디자인 중심 제품이 개발될 수 있다. 따라서 전체를 볼 수 있는 전략적인 관점이 필요하며 다양한 관점과 배경을 가진 사람들과의 협업을 통한 상호 이해와 협력이 이루어져야 한다.

17 희소성
(적을수록 귀하다)

Key Point

- 희소성이 높은 것을 소유하지 못하면 불리하다고 여긴다.
- 미디어를 통해 희소가치를 인지하게 된다.
- 희소성에 관한 관심이 사물에서 경험으로 이동하는 추세이다.

행동 특징

코로나19 확산 소식이 퍼지자마자 전 세계적으로 상품 품귀 현상이
두드러졌다. 마스크나 손 세정제가 매장에 없으면 공급 부족 상태라

판단하고는 가격이 비싸도 사재기해 둬야 한다는 생각에 사로잡힌다. 희소성으로 인해 합리적인 판단을 내리지 못하는 것이다. 이와 유사한 사례는 과거에도 있었다.

- 운동화 붐이 일었던 NIKE AIR MAX 95
- 일본 고등학생을 중심으로 유행했던 다마고치
- 동일본 대지진 당시 페트병 음료 품귀 현상

희소성에 대한 반응으로 사람들이 비합리적으로 판단하고 행동하는 데는 두 가지 이유가 있다.

첫 번째는 '구하기 어렵다=귀중한 것이다'라고 생각하기 때문이다. 일반적으로 얻기 힘든 물건이나 서비스를 가치 있는 것으로 여기는 경향이 있다. 따라서 희소한 상품·서비스에 대한 욕구가 높아지며 그것을 소유하는 것을 특권이라고 여기기도 한다.

두 번째는 '구하기 어렵다=자유를 잃게 된다'는 의미로 받아들이기 때문이다. 희소성이 높은 물건이나 서비스를 얻지 못하면 다른 사람과의 경쟁에서 밀려나게 되고 결국 자유와 선택권을 잃게 될 거라는 두려움이 있다. 이는 자신이 소유하지 못하면 타인에 비해 불리하다는 경쟁 심리와 관련이 있다.

희소성이 대중에 인식되기까지 두 단계를 거치게 된다.

첫 번째 단계는 희소성에 과도하게 반응해 극단적인 행동을 하는 소수가 등장하는 것이다. 아직은 대다수가 차분한 상태지만, 일부의 과격한 행동이 언론을 통해 알려지면 대다수 역시 필요 여부를 따지지 않고 '없어질지도 모르니 사둬야 한다!'는 생각으로 따라가게 된다. 그 결과 품귀 현상이 발생하고 희소성이 높아지는 결과를 낳는다.

두 번째 단계는 중간층이 희소성을 주목하고 유행을 확산시키는 핵심 역할을 한다. 이는 밴드왜건 효과와도 유사한데, 특정 상품·서비스가 일정 수준의 인지도를 얻고 유행을 타기 시작할 때 중간층의 영향력이 커지면서 희소성 효과가 나타난다. 따라서 정말 희귀한 것이 아니라면 주목받지 못하고 시장 인지도도 형성되지 않아 희소성 효과가 일어나지 않는다는 점이 특이한 현상이다.

다양한 분야의 서비스에서 희소성 메커니즘을 활용하고 있다. 예를 들어, 온라인 여행사는 '특가 상품 마감 ○○일 전', 숙소 예약 서비스는 '예약 가능 숙소 ○○개', 인터넷 쇼핑몰은 '재고 ○○개'와 같은 메시지를 통해 희소성을 강조하여 구매를 유도한다. 이러한 서비스는 거의 실시간으로 데이터 수치를 제시하여 사용자가 의사결정을 내리는 데 도움이 되는 장점도 있지만, 희소성을 조장하는 악용의 가능성도 있다.

21세기에 접어들면서 한정판이나 고가 품목에 대한 희소성의 상대적 가치는 낮아지고 있다. 이는 정보 사회와 공유 문화가 확산하면서 더 이상 물건의 희소성만으로 가치를 판단하지 않게 되었기 때문이다. 미래에는 물건뿐만 아니라 사람과 사람 간의 접점, 한정된 기회와 같은 경험의 희소성이 더욱 중요해질 것이다.

활용 방법

활용 1. 인물을 희소하게 만든다

세상에 물건과 정보가 넘쳐나면서 희소성의 가치가 사람에게로 옮겨가고 있다. 인기 유튜버나 블로거와 같은 인물들을 희소성이 높은 사람으로 간주하며, 그들이 사용하는 상품·서비스는 대중에게 큰 영향력을 미친다. 기업에서 일방적으로 하는 광고나 홍보보다 영향력 있는 인물이 소개할 때 해당 상품·서비스의 인기가 높아진다. 영향력 있는 인물의 희소성은 팔로워 수, 게시글, 참여도 등과 같은 가시화된 정보를 통해 측정될 수 있다.

활용 2. 시간을 희소하게 만든다

인터넷 보급으로 인해 장소의 제약이 사라졌고 누구나 자유롭게 정보에 접근할 수 있게 되었다. 이러한 변화로 시간에 대한 희소가치가 상대적으로 높아졌다. 예를 들어, 기간 한정 온라인 세일이나 라이브 방송 등을 실시간으로 시청하고 댓글을 남기는 것도 시간에 따른 희소성을 경험하는 한 예시이다. 시간은 누구에게나 동일하게 부여되는 자원이기 때문에, 디지털 서비스에서 시간 한정 이벤트를 게시하는 것은 건전한 방법으로 간주한다.

활용 3. 실제 접촉 지점을 희소하게 만든다

정보의 접근성이 쉬워지면서 실제 현장에서의 만남과 경험이 더욱 희소성을 갖게 된다. 디지털 시장이 확산하였어도 현장 강연, 매장 이벤트, 라이브 공연, 야외 행사 등 오프라인 시장은 여전히 사람들의 관심을 끌고 있다. 특히 코로나19의 영향으로 외출이 제한되었던 상황에서는 이러한 현장 경험의 부재를 더욱 강하게 실감할 수 있었다.

활용 4. 현실과 디지털을 양립시킨다

현실과 디지털을 분리하는 것이 아니라 융합함으로써 희소성의 가치를 더욱 높일 수 있다. 후지이 야스후미藤井保文와 오바라 카즈히로尾原和啓의 저서《애프터 디지털-오프라인 시장이 사라질 수 있는 미래를 과연 어떻게 대처할 것인가?》에서는 현실과 디지털의 관계를 명확하게 설명하고 있다. 테크 터치(디지털 접점)는 접점 수를 늘리는 대량생산에 능하지만, 리얼 터치(대면 접점)는 깊은 커뮤니케이션으로 접점의 질을 높이는 데 능하다. 용도에 따라 양적 접점과 질적 접점을 적절히 조합하면 사용자와의 유대감을 강화할 수 있다.

18 사회적 증거
(주변에 판단을 맡긴다)

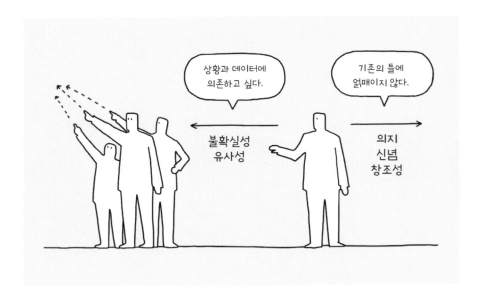

Key Point

- 무언가에 의존하고 싶을 때, 불확실성과 유사성이 요인으로 작용한다.
- 신념과 창의력에 기반한 혁신은 사회적 증거와 서로 상충할 수 있다.
- 사회적 증거에서 벗어나기 위해서는 자기 내면의 강한 의지가 중요하다.

행동 특징

자신감이 부족할 때는 의지하고 싶은 심리가 생긴다. 이를 부추기는 것을 사회적 증거라고 하며 주로 불확실성과 유사성, 이 두 가지에 기인한다.

우선 불확실성에 관해 이야기해 보자. 판단을 내리기 위한 충분한 경험 데이터가 없거나 부족한 경우, 우리는 주변 사람들의 행동에 영향을 받기 쉽다. 그 결과 주변에서 본 것과 유사한 대응을 하는 경향이 있다. 예를 들어, '다른 회사들이 코로나19 확산 방지를 위한 사업장 대응 지침으로 재택근무를 실시했으니, 우리 회사도 실행하자'라든지, '주변에서 아무도 행동하지 않으니 나도 가만히 지켜보자'라고 생각하는 것도 이와 같은 현상에 해당한다.

다음으로 유사성에 대해 알아보자. 누군가 먼저 시작한 것에 영향을 받으면 우리도 모르게 추종하게 된다. 예를 들어, 유행하는 패션을 따라 하거나 주변 사람들이 웃고 있으면 덩달아 즐거워지는 현상이 이에 해당한다. 하지만 자살 추종처럼 무서운 현상이 발생하는 부정적인 영향도 있다.

이 두 가지를 종합해 보면, 사회적 증거는 자신보다 타인(주변)에게 판단을 맡기는 심리적 특성으로 볼 수 있다. 특히 현재는 불확실성이 높고, 기존의 틀에 얽매이지 않는 혁신을 갈망하는 시대이다. 하지만 불확실성이 높을수록 현실은 사회적 증거의 영향력이 더욱 강화된다. 주변 상황을 주시하며 행동하거나 커뮤니티 등 집단에 소속되려는 경향이 강해질 수 있다. 이는 비즈니스와 사용자 모두에 해당한다.

혁신은 신념이나 의지, 혹은 창의력에서 비롯된다. 참신한 기획을 제안할 때 의례적인 수치를 근거로 제시하면, 내부의 승인을 얻을 가능성이 줄어든다. 시장 데이터나 설문조사 결과를 근거로 타당성을 주장하는 것은 사회적 증거를 조장할 뿐, 창조와 혁신의 갈망과는 상반된다. 사회적 증거에 사로잡히지 않도록 주변의 시선은 잠시 접어두고, 내면에서 우러나오는 열정을 소중히 여겨야 한다.

활용 방법

활용 1. 창의적 리더십을 발휘한다

주위의 반대를 무릅쓰고 언제나 자신의 의지를 강력하게 지켜낸 사람이 변화를 일으킨다. 이를 가장 잘 보여주는 것이 애플의 유명한 'Think Different' 캠페인이다. 리더가 주변 상황이나 데이터에 휘둘리지 않고 용기 있게 남다른 결정을 내릴 때 혁신이 일어난다. 새로운 무언가를 하고 싶다면 사회적 증거에 의존하지 말고 창의적인 리더십으로 추진하는 것이 중요하다.

활용 2. 소수 의견을 수용한다

테프라TEPRA(라벨 프린터)나 포메라pomera(디지털 메모 기기) 등의 히트상품으로 유명한 일본의 사무용품 문구업체 킹 짐KING JIM은 독특한 제도를 도입하고 있다. 개발 회의에서 다수의 임원이 반대할지라도 한 명이 동의하면 제품 기획을 진행할 수 있다. 다수결이나 논의 조정으로 무난한 결론을 내리지 않고 소수 의견을 반영하는 것이다. 다양성은 혁신을 창출하는 기회가 될 수 있지만, 모두의 의견을 수용하면 참신함을 잃을 수 있다. 그러므로 소수의 의견을 존중하는 문화를 조직에 정착시키는 것이 중요하다.

활용 3. 감동적인 스토리로 전달한다

새로운 제안보다 안전한 제안을 선택하는 사람의 마음을 바꾸기란 쉽지 않다. 새로운 것에 대한 불안감을 가지고 있기 때문이다. 이러한 상황을 돌파하기 위해서는 데이터에 의존하지 말고, 한발 더 나아가기 위한 '스토리'로 전달하는 것이 중요하다. 스토리는 창의적이어야 하며 사회적 증거에 의존해서는 안 된다. 그런데 TV 광고만 보더라도 기업 조직이 클수록 평균적이고 무난한 스토리를 그리는 경향이 있다. 인간의 강렬한 감정이 담긴 영화나 만화를 참고하면 사람의 마음을 움직이는 스토리를 배울 수 있을 것이다.

방관자 문제
(보고도 못 본 척)

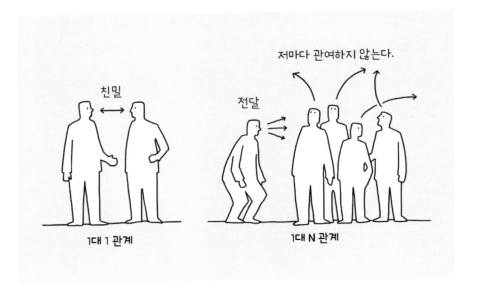

Key Point

- 집단 내에서는 자발적으로 행동하기보다 타인에게 의존하는 경향이 있다.
- 상대방의 얼굴이 보이면 배려하고, 보이지 않으면 이기적으로 된다.
- 물리적 거리감 혹은 심리적 거리감에 따라 사회적 관계성이 달라진다.

행동 특징

사회심리학에 따르면 비극적인 사건의 목격자가 여러 명일 경우, 목격자들은 그 비극에 관여하지 않으려는 경향이 있다고 한다. 이를 '방관자 문제'라고 한다.

업무, 시험 등에서 실수를 방지하기 위해 삼중 점검을 실시했더니 이중 점검과 비교해 품질이 동등하거나 떨어졌다고 한다. 여러 사람이 관여할수록 책임감이 약해지기 때문이다. 또한, 모두가 의사결정에 참여할 경우 무난한 결론에 도달하기 쉽고, 결정의 질을 떨어뜨리는 집단 이기주의에 빠질 수도 있다. 이는 주체적이지 않은 방관자적 입장이 영향을 미치기 때문이다.

방관자가 당사자 의식을 갖지 못하는 배경에는 세 가지가 있다.

- 첫째, 타인의 시선이 없으면 이기적인 생각을 하게 된다.
- 둘째, 상대방과의 거리가 멀면 더욱 무관심해질 수 있다.
- 셋째, 상대방을 특정하지 않고 익명의 인물로 인식할 때도 방관자로서의 경향이 나타날 수 있다.

'바이어스 1'에서 소개한 사회적 선호 중 독재자 게임 사례를 다시 떠올려 보자. 상대방이 눈앞에 있을 때는 돈을 독점하지 않고 일부를 나눠주는 경향을 보였다. 그러나 실제로 상대가 보이지 않으면 속임수를 쓰거나 자존심이 더 강해진다는 의미이기도 하다.

인간은 주변인의 시선이 신경 쓰이는 환경에 있을 때 사회적으로 행동한다. 행동경제학자 댄 애리얼리 Dan Ariely 는 '인식 가능한 희생자 효과 The identifiable victim effect '라는 실험을 진행했고, 고통받는 사람의 얼굴이 보이는지 아닌지에 따라 기부 금액이 달라진다는 사실을 밝혀냈다.

얼굴이 직접 보이지 않는 경찰차나 감시카메라도 주변 시선과 유사한 효과를 낸다.

상대방과의 물리적 거리도 방관자 문제에 큰 영향을 미친다. 눈앞에서 다툼이 일어나고 있을 때, 당사자와 눈이 마주치면 도와주려는 의식이 작용한다. 그러나 당사자와의 거리가 멀어지면 괜한 일에 휘말리고 싶지 않아서 최대한 가까이 다가가지 않으려 할 것이다. 또한, 멀리 떨어져 있고 주변에 사람들이 많으면 누군가가 처리해 줄 거로 생각하게 된다.

사용자 역시 상대가 누구냐에 따라서 행동이 달라진다. 예를 들어, 상대방과 친분이 있거나 이름을 아는 사람이라면 뭔가 행동을 취하려고 하지만 한 번도 만난 적이 없거나 생활문화권이 전혀 다른 사람이라면 관여도가 낮아진다. 이러한 심리적 거리감에 따라서도 행동이 달라진다.

만약 사용자가 상품·서비스에 적극적으로 관여하지 않는 상태라면, 방관자가 될 가능성이 높다. 사용자의 관심과 참여를 높이고 싶다면 무엇보다 심리적 거리를 좁힐 필요가 있다.

활용 방법

<u>활용 1. 호칭을 활용한다</u>

상대방을 특정함으로써 거리감을 좁히는 효과를 얻을 수 있다. 예를 들어, 베테랑 매장 판매원들은 '저기 모자 쓰고 계신 손님' 등 개인을 특정할 수 있는 호칭을 사용하여 상품에 관심을 끌기 위한 기회를 만들어 낸다. 웹사이트에 로그인하면 '○○○님, 반갑습니다'라고 인사하는 장면을 볼 수 있다. 특히 디지털 기술을 활용하여 사용자 데이터를 분석하면 개별 대상을 타깃으로 한 세심한 전략을 구사할 수 있다.

만약 사용자의 관심이 적고 방관자적 입장을 취하고 있다면 1:1 커뮤니케이션을 고려해 보는 것이 좋다. 이를 통해 사용자들에게 개인 맞춤형 서비스를 제공할 수 있고 상호작용을 높일 수 있다.

활용 2. 주변 시선을 활용한다

주변 시선이 있으면 기이한 행위를 피하고 사회적으로 행동하게 된다. 반대로 주변 시선이 없으면 자기 자신에게 솔직하게 행동한다. 이 두 가지 특성을 적절히 활용하면 사용자에 대한 적절한 관여도를 조절할 수 있다. 예를 들어, 많은 사람이 보는 SNS나 공공장소에서는 타인의 시선이 느껴지는 요소를 넣어 사회적으로 행동하도록 유도할 수 있다. 반면에 개인 간 교류의 장에서는 자기 방에 혼자 있는 것처럼 타인의 시선을 신경 쓰지 않아도 되는 공간으로 표현하여 사용자들이 자유롭게 소통하도록 유도한다. 이러한 방식으로 다양한 환경에서 사용자들의 행동을 유도하고 관여도를 조절할 수 있다.

활용 3. 친근하게 대한다

어느 정도 관계가 형성된 후에는 친밀한 표현을 사용하여 상대방과의 거리를 크게 좁힐 수 있다. 예를 들어, 상대방의 말투나 자주 사용하는 말을 공유함으로써 서로 간의 이해와 동질감을 높일 수 있다. 처음 만난 자리에서 먼저 자기를 소개하면 상대에게 익명의 누군가가 아닌 한 인간으로 인식되어 친밀감을 형성할 수 있다.

바이어스 3

시간이 지나면
인식이 바뀐다

인간에게 시간은 일률적이지 않다. 기계는 10년 전의 기록과 하루 전의
기록을 똑같이 기억할 수 있지만, 인간은 10년 전의 기억이 하루 전에
비해 선명하지 못하다. 또한, 시간이 쌓이면 경험의 법칙에 따라 지금
까지 해오던 방식이 익숙해져 바꾸고 싶지 않은 마음이 생기기도 하고,
어떤 일을 하기 전과 후의 생각이 완전히 달라지기도 한다.

20 휴리스틱
(지름길 사고)

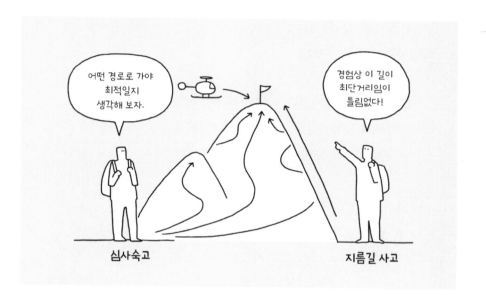

심사숙고 · · · 지름길 사고

Key Point

- 경험의 법칙이나 상식으로 쉽게 결론을 내리는 경향이 있다.
- 시간이나 노력을 절약하는 장점이 있다.
- 편견과 맹점의 함정에 빠질 위험이 있다.

행동 특징

　'돌다리도 두들겨보고 건너라'는 속담은 휴리스틱을 피하는 방법을 잘 표현하고 있다. 휴리스틱 Heuristic 의 어원은 그리스어로 '찾아내거나 발견하는 데 도움이 된다'는 뜻이다. 행동경제학에서는 경험의 법칙을 통해 직관적으로 답을 얻는 방법을 의미한다.

휴리스틱은 단시간에 큰 노력 없이 실행할 수 있는 장점이 있지만, 인식 오류, 누락, 착각 등의 함정을 발견하기 어렵다는 단점도 있다. 대표적인 예시로 대니얼 카너먼의 《생각에 관한 생각》에 등장하는 '린다 문제'를 들 수 있다. 다음의 프로필을 읽고 A와 B 중 어느 쪽에 해당하는지 생각해 보자.

> 린다는 31세 독신, 사교적이고 똑똑한 여성이다.
> 대학에서 철학을 전공했고 차별과 사회 정의 등의 문제에
> 관심이 많으며 반핵 운동 시위에도 참여했다.

- A: 린다는 은행 직원이다.
- B: 린다는 페미니즘 운동에 참여하는 은행 직원이다.

린다는 반핵 운동에 참여했지만 페미니즘 활동을 한 사실이 없음에도 많은 사람이 이 두 가지를 마음대로 연결하고는 B를 선택한다. 이처럼 휴리스틱은 빠르게 판단할 수 있지만, 분석적 관점을 간과할 수 있다.

사람들은 일상적으로 휴리스틱을 사용한다. 예를 들어, 다리를 건널 때는 '무너지지 않을 것이다'라는 믿음을 가지고 걸어간다. 정말 다리가 무너지지 않는다는 보장은 없지만 다리를 건널 때마다 일일이 검증한다면 생활이 불가능할 것이다. 이처럼 상식을 의심하면 엄청난 시간과 노력이 필요해진다. 기계라면 아주 작은 오류에도 처리를 중단하지만, 인간은 무의식적으로 이러한 오류를 배제하고 있다.

그 밖에도 불안에 사로잡혀 있으면 경사길이 평소보다 더 가파르게 보인다, 희소한 것을 원하는 것으로 착각한다, 자기중심적으로 상황을 판단하거나 사물을 본다 등 다양한 휴리스틱이 있다. 휴리스틱은 다른 행동경제학 이론의 토대가 되는 개념이기도 하다.

휴리스틱은 일명 '지름길 사고'라는 표현과 잘 들어맞는다. 경험의 법칙이 필요할 때는 적극적으로 지름길 사고를 사용하고, 반대로 간과하고 싶지 않을 때는 의식적으로 지름길 사고를 배제하는 등 상황에 따라 적절히 활용하면 상품·서비스를 기획하고 개발하는 데 도움이 된다.

활용 방법

활용 1. 새로운 것일수록 익숙한 요소를 넣는다

새로운 제품, 서비스, 장치를 처음 접하는 사용자는 경험의 법칙을 적용하기 어려워 당황할 수 있다. 아이폰이 처음 출시됐을 때를 생각해 보면 초기 화면과 조작법은 경험의 법칙을 통해 쉽게 익힐 수 있도록 디자인되어 있었다. 버튼이나 아이콘은 기존에 익숙한 형태와 최대한 일치시키고(검색 기능을 돋보기 아이콘으로 디자인 한 점 등), 조작 절차를 기존의 애플 제품과 유사하게 설계했다. 새로운 것일수록 기존 경험의 법칙을 살릴 수 있는 사용자 인터페이스가 효과적이다.

활용 2. 아마추어 사고와 프로페셔널 사고를 적절히 전환한다

대담하고 참신한 아이디어를 생각할 때는 휴리스틱이 방해가 될 수 있다. 경험의 법칙과 상식에 의존하여 '이렇게 될 것이다'라고 판단하기 때문이다. 이런 상황에서는 의식적으로 아마추어가 되어 상식을 의심해 보는 것이 도움이 된다. 또는 자신과는 다른 전문 분야나 사고방식을 가진 사람을 팀에 합류시켜서 다양성을 통해 경험의 법칙과 상식을 배제하도록 노력해 본다. 반면, 개발 공정에서는 휴리스틱을 활용하면 경험의 법칙에 따라 품질을 높일 수 있다. 프로페셔널 사고를 적용하여 효율적으로 작업을 수행할 수 있기 때문이다. 이렇듯 상황에 따라 아마추어 사고와 프로페셔널 사고를 적절히 활용하여 문제를 해결하는 것이 중요하다.

활용 3. 있는 그대로 조사한다

세계적인 건축가 비야케 잉겔스 Bjarke Bundgaard Ingels가 이끄는 건축사무소 BIG Bjarke Ingels Group는 설계 예정지를 방문할 때 무리하게 의미 부여하지 않는 것을 중시한다. 현장을 둘러보며 사람들과 이야기를 나누고 주변을 걸으며 느낀 깨달음을 설계안으로 연결한다. 휴리스틱에 의한 추측으로 결론을 내리면 해당 현장에서만 깨달을 수 있는 특별함을 간과하게 되고, 경험의 법칙으로 생각하기 때문에 기존과 다르지 않은 해결책이 나오기 쉽다. 현장 조사는 정답을 검증하기 위함이 아니라 힌트를 발견하기 위한 것이다. 있는 그대로 받아들이는 태도와 마음가짐이 필요하다.

21 현재 바이어스
(지금이 중요하다)

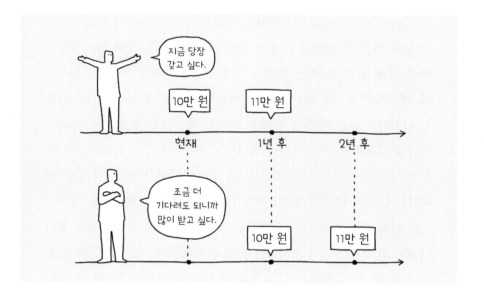

Key Point

- 현재에 집착하면 중요한 일을 뒤로 미루게 된다.
- 당장 얻을 수 있는 보상이 보이거나 상상할 수 있으면, 단기적인 성과를 우선하게 된다.
- 가까운 미래는 상상하기 쉽지만, 먼 미래는 상상하기 어렵다.

행동 특징

판단에 시간 개념이 더해지면 '지금이 중요한가?, 아니면 미래가 중요한가?'와 같은 선택이 생길 수 있다. 사람들은 과제나 업무처럼 중요한 일이 있어도 당장 눈앞의 상황을 우선시하여 정작 해야 할 일을 뒤로 미루는 경향이 있다. 이를 '현재 바이어스'라고 한다.

사람들은 미래 전망이 불투명할 때, 당장 확실하게 얻을 수 있는 즉각적인 보상을 선택한다. 이를 세 가지 연구 사례로 살펴보자.

첫 번째는 마시멜로 테스트라는 실험으로, 아이들이 마시멜로를 먹지 않고 참을 수 있는지 관찰한 실험이다. 참으면 나중에 마시멜로를 하나 더 받을 수 있지만, 당장 눈앞에 놓인 마시멜로에 손이 가고 만다. 테스트를 통과한 아이들을 분석해 보니, '주의를 분산시키면 참을 수 있었다', '참은 아이 중 일부는 주의를 분산시킬 방법을 스스로 생각했다', '참은 아이는 성인이 되어서도 사회적으로나 학업적으로 우수한 성과를 내는 경향이 있다'는 결과가 나왔다. 이를 통해 앞을 내다보는 능력은 미래에 영향을 미친다는 것을 알 수 있다.

두 번째는 돈과 시간의 관계이다. 학생들을 대상으로 현재를 얼마나 중요하게 여기는지 조사하는 실험을 진행했다. 지금 당장 10만 원을 받을 수 있는 것과 1년 후에 11만 원을 받을 수 있는 것 중 지금 당장 받는 것을 택한 사람이 많았다. 하지만 1년 후에 10만 원을 받을지, 2년 후에 11만 원을 받을지에 관한 질문에는 2년 후를 선택한 사람이 더 많았다. 이를 통해, 현재와 미래에 대한 인식 차이는 큰 반면, 미래의 시간 폭에 대해서는 큰 차이를 느끼지 못한다는 것을 알 수 있다. 즉, '지금이냐 아니냐가 문제'일 뿐이다.

세 번째는 동물의 두 가지 행동 패턴에 관한 것이다. 비둘기를 대상으로 즉시 먹이가 나오는 버튼과 조금 기다리면 먹이가 많이 나오는 버튼을 준비했다. 비둘기는 즉시 먹이가 나오는 버튼을 더 많이 눌렀다. 이는 마시멜로를 참지 못하는 아이와 비슷한 행동이다. 그렇다면 이건 어떨까? 나중에 먹으려고 먹이를 저장해 두는 동물들도 많다. 보노보나 오랑우탄은 나중에 사용할 도구를 보관하는 습성이 있다. 이는 현재에 얽매이지 않고 미래를 계획하는 행동이다. 이를 통해, 당장 확실하게 얻을 수 있는 유혹에 대해서는 단기적인 보상을 우선시하지만, 미래와 관련된 것은 장기적인 보상을 우선시한다는 것을 알 수 있다.

성인도 보상이 주어지면 바로 갖고 싶어지는 것은 마찬가지이다. 눈앞에 아이스크림이 있으면 먹고 싶고, 맥주가 있으면 바로 마시고 싶어진다. 눈앞에 있는 보상이 지금이나 나중이나 변하지 않는다면 현재를 소중히 여기고, 나중에 영향을 미칠 수 있다면 미래를 위해 지금은 자제하는 것이 좋다.

활용 방법

활용 1. '지금만'과 '연장'을 구분한다

행동경제학자 리처드 탈러 Richard H. Thaler 는 저서 《행동경제학: 마음과 행동을 바꾸는 선택 설계의 힘》에서 매출 부진에 빠진 스키 리조트의 경영 정상화 자문으로 참여한 사례를 소개했다. 그가 내놓은 대책은 두 가지인데, 첫 번째는 개장 전에 패키지 상품을 미리 구매하면 가격을 할인해 주는 서비스로 '지금 사면 이득'이라는 심리를 이용한 것이다. 두 번째는 이번 시즌에 다시 패키지를 구매하면 지난 시즌에 사용하지 못한 티켓 기한을 연장해 주는 서비스이다. 지난 시즌에 몇 번밖에 방문하지 못한 이용객은 이번 시즌 패키지도 다 사용하지 못하고 연기한다는 심리를 이용한 것이다. 하지만 사용자에게는 매력적인 제안으로 느껴질 수밖에 없다.

활용 2. 몇 년 후보다 한 달 후의 미래를 보여준다

일본의 개인 트레이닝 짐 RIZAP은 '2개월 내 결과를 약속한다'라며 단기간의 성과를 내세운 광고로 주목받았다. 만약 제시한 기간이 1년이었다면 주목도가 높지 않았을 것이다. 앞의 사례에서 소개했던 돈을 언제 받을지를 묻는 실험도 1년 후, 2년 후가 아니라 1개월 후, 2년 후라면 결과가 달랐을 것이다. 서비스 내용에 따라 다르겠지만, 가능한 한 단기간에 현실적인 결과를 보여주는 것이 현재 바이어스 심리에 대응하는 데 효과적이다.

활용 3. 스스로 압박을 가한다

TED 강연에서 〈자신의 목표를 스스로 간직하세요 Keep your goals to yourself〉라는 주제로 강연한 데릭 시버스 Derek Shivers의 동영상을 볼 수 있다. 이 동영상에는 현재 바이어스에 대한 두 가지 교훈이 있다. 첫째는 '목표를 달성하고 싶다면 남에게 말하지 말자', 둘째는 '말하고 싶다면 자신을 압박하는 상황을 만들자'는 것이다. 말을 참기 힘든 사람은 구체적인 목표 달성 지표를 제시하고 1주일 단위로 측정하면 미래일지라도 지금 해야 할 일을 의식할 수 있게 된다.

22 정상성 바이어스
(변화가 싫다)

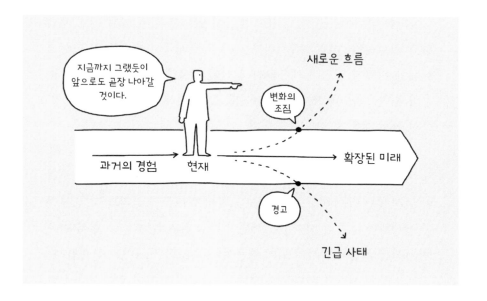

Key Point

- 과거, 현재, 미래를 동일 선상에 놓고 같다고 생각하는 경향이 있다.

- 많은 사람이 본능적으로 변화를 거부하고, 변화의 조짐이 보여도 대응하지 못한다.

- 변화를 일으키고 싶다면 강력히 주장하고 확실히 밀어붙여야 한다.

행동 특징

　현재 상태를 바꾸지 않으려는 생각을 '정상성 바이어스' 또는 '현상 유지 바이어스'라고 한다. 과거에 영화관, 지하철과 같은 밀폐된 공간에서 화재나 지진이 발생했을 때 재난 경고가 있었음에도 즉각적인 대피 조치를 하지 않아 많은 비극을 초래한 사고들이 있었다.

　이러한 바이어스는 어느 정도 이상이 있어도 정상 범위 내로 처리하고 일상적인 상태를 유지하려는 사고 체계에서 비롯된다. 일상의 세세한 변화에 일일이 대응하면 정신이 피로해지므로 어느 정도 둔감하게 반응하도록 조절하는 것이다. 그로 인해 일상생활이 편한 만큼 비상시 대응이 늦어질 수 있다.

　변화가 일어나도 행동으로 옮기지 않는 이유는 몇 가지가 있는데, 첫 번째 이유는 자기 일로 즉시 받아들이지 않기 때문이다. 최초 지진이 발생했을 때는 대다수가 처음 그 자리에 머물러 있다가 다음 지진이 발생하면 상황의 심각성을 깨닫고 행동을 시작한다. 두 번째 이유는 자신감 과잉에 빠지기 쉽기 때문이다. 최초의 쓰나미가 작으면 '괜찮겠지'라는 생각으로 다음에 오는 큰 쓰나미를 가볍게 여긴다고 한다. 세 번째 이유는 권위에 의해 시야가 좁아지고 사고 정지 상태에 빠지기 때문이다. 비행기에서 기장의 지시가 절대적이라고 믿는 부기장은 눈앞에서 벌어지는 이상을 알아차리지 못한다.

　현재 바이어스와 정상성 바이어스는 다소 비슷하게 느껴질 수 있다. 이 둘의 차이점을 정리해 보자. 현재 바이어스는 현재를 기준으로 눈앞의 이익을 우선하는 것으로 장기 계획은 미래성을 중시하지만, 단기 계획은 눈앞의 이익을 우선하는 경향이 있다. 반면, 정상성 바이어스(현상 유지 바이어스)는 과거 → 현재 → 미래가 동일 선상에 있다고 생각하여 현재에 대한 변화를 거부하는 것을 의미한다. 변화에 대응할 수 있느냐 없느냐는 정상성 바이어스와 밀접한 관련이 있다.

정상성 바이어스의 위험은 비단 재난뿐만 아니라 비즈니스 현장에서도 공공연히 일어난다. 시대의 변화를 거부하거나 인식하지 못해 뒤처진 서비스나 상품을 고수하는 기업의 사례는 많다. 최근 일본의 많은 대기업이 겪고 있는 문제이기도 하다. 새로운 경쟁자가 등장하면 지금까지의 연장선상에서 다른 흐름이라는 것을 인식할 필요가 있다.

참고로, 영화에서는 종종 재난 경고에 반응한 사람들이 당황하여 도망치고 공황에 빠지는 장면이 나오는데, 실제로는 재난에 휘말려도 인간은 공황에 빠지지 않는다. 저널리스트 아만다 리플리^{Amanda Ripley}의 저서 《언씽커블: 생존을 위한 재난 재해 보고서》에 따르면, 9.11 당시에도 생존자들 모두 매우 침착했으며 조용하고 순종적이었다고 한다. 비상시에는 공황을 두려워하지 말고 확실히 경고함으로써 최우선으로 정상성 바이어스를 깨뜨리는 데 집중해야 한다.

활용 방법

활용 1. 단호하고 명확하게 표현한다

1977년 미국 켄터키주 사우스게이트의 베벌리힐스 서퍼 클럽에서 화재가 발생했다. 안전 요원들은 사람들에게 "여기서 멀지 않은 곳에서 화재가 발생했습니다. 즉시 대피해 주십시오!"라고 경고했다. 하지만 연기가 보이지 않는 장소에 있던 사람들은 빠르게 대응하지 않았고 164명이 사망했다. 모호한 정보 제공은 오히려 정상성 바이어스를 강화할 수 있다. 변화를 촉구할 때 다음과 같은 표현에 유의해야 한다.

- 단도직입적인가?(에두르지 않고 알아듣기 쉬운가)

- 강력한가?(정신이 번쩍 들게 하는가)

- 명확한가?(구체적으로 무엇을 해야 할지 알 수 있는가)

활용 2. 단번에 이해하게 한다

경고해도 주변 환경이 변하지 않으면 행동으로 이어지지 않는다. 예를 들어, 실내에서는 조명을 전환하는 등 시각적으로 분명한 변화를 보여줘야 한다. 그 외에도 소리나 온도 등 오감에 호소하는 것도 효과적이다. 휴대전화에서 울리는 재난 문자 사운드 디자인은 평상시와 다름을 경고하는 의도를 담아서 기존의 분위기를 단절시키는 효과를 낸다.

활용 3. 뜻을 같이하게 한다

모든 사람의 행동을 변화시키기 위해서는 첫 번째 추종자가 중요하다. 밴드왜건 효과에서 언급한 데릭 시버스의 〈운동이 시작되는 방법〉이 이를 단적으로 보여준다. 한 사람이 하면 괴짜로 보일 수 있지만 용기 있는 추종자가 함께하면 전체에 변화를 일으킬 수 있다. 상품·서비스를 제공하는 상황이라면 추종자가 쉽게 동조할 수 있는 플랫폼을 제공하고, 그들의 행동을 다른 사람들도 볼 수 있는 구조를 조성하면 운동으로 연결될 수 있다.

23 회상 바이어스
(짜맞추기)

Key Point

- 자기가 한 행동을 사후에 정당화한다.
- 회상 바이어스는 개인뿐만 아니라 조직에서도 발생한다.
- 회상 바이어스 문제는 의식이 아닌 메커니즘으로 해결해야 한다.

행동 특징

우리는 대체로 윤리의식을 가지고 행동하지만, 간혹 무의식적으로 비윤리적인 행동을 하는 경우가 있다. 윤리성과 사회성이 교차하면 상황은 더욱 복잡해진다. 이에 대해서는 맥스 베이저만[Max H. Bazerman]과 앤 텐브룬셀[Ann E. Tenbrunsel]의 저서 《Blind Spots, 이기적 윤리》에 자세히 설명되어 있다.

윤리적 판단의 복잡성을 상징하는 유명한 사고 실험으로 '트롤리 문제와 육교 딜레마'가 있다. 두 개 모두 브레이크가 고장 난 트롤리가 달려오는 상황을 인지하지 못한 채 선로 위에서 일하고 있는 5명의 인부를 발견했을 때, 어떤 선택을 해야 하는지를 묻는다.

- 트롤리 문제: 선로가 두 갈래로 나뉘어져 있고, 당신이 선로 변환기로 트롤리의 방향을 바꾸면 5명의 인부를 구할 수 있지만, 그 대신 다른 선로 위에서 일하고 있던 인부 한 명이 죽게 된다.

이 경우, 어느 쪽을 선택하든 윤리적 이유를 제시할 수 있다.

- 육교 딜레마: 당신이 육교 위에서 이 상황을 보고 있다. 육교에는 뚱뚱한 사람이 한 명 더 있다. 그를 육교에서 떠밀어 트롤리와 충돌시키면 멈추게 할 수 있다. 아무 조치도 취하지 않으면 선로 끝에 있는 5명의 인부가 트롤리에 치여 죽게 된다.

이 경우, 사람을 떨어뜨리는 선택을 하는 사람은 거의 없을 것이다. 왜냐하면 살인이기 때문이다. 트롤리 문제나 육교 딜레마 모두 선택에 따른 결과가 다르지 않지만, 각각을 윤리적으로 설명하려고 하면 다른 이유를 제시하게 된다.

생각했던 것과 실제로 취하는 행동이 다른 경우가 종종 있다. 다만 이를 인식했다고 해서 자신이 틀렸다며 생각을 바꾸는 경우는 거의 없고 대신 행동을 정당화한다. 이러한 과정을 사전, 도중, 사후 3단계로 정리하면 다음과 같다.

행동하기 전에는 윤리적인 원칙에 따라 단호한 태도를 취하려고 한다. 하지만 실제로 행동할 때는 상황에 영향을 받아 사전에 생각한 것과 다른 행동을 할 수 있다. 행동한 후에는 그 결과를 바탕으로 사전에 생각했던 것을 수정하고 조정하는 현상이 일어난다. 여기에 '회상 바이어스'가 작용한다.

회상 바이어스는 개인 수준뿐만 아니라, 조직이나 사회와 같은 큰 규모에서도 발생할 수 있다. 개인을 예로 들면, 기부할 의향이 있다고 응답한 사람 중 당일 기부를 실천한 사람은 약 절반 정도였다. 기부하지 않은 사람들은 그 당시 현금이 부족했다 등의 이유로 자기 행동을 정당화했다. 조직적인 측면에서는 우주왕복선 챌린저호 폭발 사고를 예로 들 수 있다. 개발사는 부품 결함이 확인되어 한 차례 발사 연기를 제안했지만, 개발사 경영진은 NASA 관계자들의 심기를 거스르지 않기 위해 발사 강행을 정당화하는 데이터를 수집하는 데 열을 올리며 발사를 강행했다. 그 결과 비극적인 사고가 발생했다.

조직의 윤리의식 부족은 다음과 같은 원칙에도 영향을 미친다.

- 비공개: 다른 사람이 보지 않으면 정보를 생략하거나 허위로 보고한다.
- 간접성: 관련자가 다수면 책임 소재가 모호해진다.
- 끓는 물 속 개구리: 단계적으로 진행하다 보면 중요한 임계점을 인식하지 못하고 치나칠 수 있다.
- 결과 편중: 결과만 좋다면 도덕성 문제가 무시되는 경향이 있다.

조직 차원에서의 윤리에 반하는 행동은 엔론Enron Corporation의 분식회계나 서브프라임 대출 같은 사례로 나타난다. 일본에서도 최근 우량하다고 알려졌던 기업들이 분식회계나 사기성 금융상품을 판매하는 등의 믿을 수 없는 사건들이 연이어 발생했다. 이러한 문제는 개인의 도덕성을 지적한다고 해결될 문제가 아니다.

조직에서 발생하는 윤리적 문제는 개인의 의식 교육보다는 시스템 개선으로 해결해야 한다. 개인의 마음가짐만으로 윤리의식을 통제하기는 충분치 않다.

활용 방법

활용 1. 사전에 선언하게 한다

언행 불일치를 예방하려면 행동하기 전에 먼저 선언하는 방법이 효과적이다. 여기에는 바이어스 8에서 다루게 될 일관성 효과가 작용한다. 우리는 일단 자기 입으로 뱉은 말에 대해서는 일관된 스토리를 유지하려고 하므로 그때그때 상황에 따라 변경하기 어려워진다. 사용자 서비스를 예로 들면, 입력 양식에 사전의 본인 의사를 명시하는 공간을 제공하면 그 후의 답변이 실제와 일치하지 않을 가능성이 줄어든다.

활용 2. 지켜보는 시선을 삽입한다

윤리의식이 있어도 막상 행동으로 옮기는 과정에서 현장 분위기에 휩쓸리게 되는 경우가 있다. 이럴 때는 현재 바이어스를 응용하여 의지를 상기시키는 장치가 효과적이다. 예를 들면, 가족에게 알리거나 상사에게 보고해야 할 내용을 시각적으로 상기시킴으로써 의연하고 단호한 태도를 고수하도록 유도할 수 있다.

한 가지 더, 바이어스 1에서 소개한 시뮬라크르 현상을 응용하여 누군가가 지켜보는 듯한 환경을 조성하면 일탈 욕구를 억제할 수도 있다.

활용 3. 객관적인 사후 평가 시스템을 도입한다

사후 평가에 지인이 아닌 제삼자 평가를 포함하고 공개를 전제로 하면 변명의 여지를 줄일 수 있다. 이를 통해 평가의 공정성과 신뢰성을 높일 수 있다. 또한 객관적인 평가를 보장하기 위해 컴퓨터나 자동화된 시스템을 활용하고 가급적 사람에게 의존하지 않는 구조를 도입하는 것이 좋다. 이렇게 함으로써 주관적인 판단이나 편견을 배제하고 공정한 평가를 실현할 수 있다.

24 엔다우드 프로그레스 효과
(일단 진행하면 의욕이 생긴다)

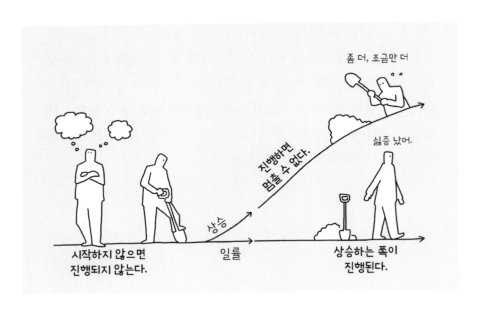

Key Point

- 생각만 하지 말고 행동으로 실천할 때 의욕이 더 커진다.
- 초기 장벽이 낮고 성장하는 느낌을 경험하면 목표를 지속하기 수월해진다.
- 때때로 즐거움에 과몰입해 멈출 수 없게 될 위험도 있다.

행동 특징

'머릿속으로만 고민하느니 실제로 해보는 편이 더 낫다'는 말처럼,

일단 무언가를 시도할 때 진척이 빠르고 의욕도 더 높아진다. 인간은 점진적인 발전을 선호하는 경향이 있다. 이를 '상승 선호'라고 한다. 똑같은 보상을 계속 받는 것 보다 초기에는 보상이 작아도 점진적으로 증가하는 것을 기분 좋게 느끼며 동기 부여에 더 도움이 된다.

질보다 양을 중시하는 것도 진전 효과와 관련이 있다. 도예 수업에서 반을 질적 성과를 중시하는 쪽과 양적 성과를 중시하는 쪽으로 나눴더니, 우수한 작품을 창작한 학생들이 양으로 평가한 반에서 더 많이 나왔다. 이를 통해 '생각보다 행동!' '실패를 경험할수록 성공에 가까워진다', '상황 변화에 유연하고 신속하게 대응하는 것이 중요하다' 등의 교훈을 떠올릴 수 있다.

쉽게 진행하기 위해서는 초기 진입장벽을 최대한 낮추는 것이 중요하다. 누구나 마감 기한이 정해져 있을 때 빠르게 행동하는 경험을 했을 것이다. 이는 다시 말해 마감 기한이 없으면 언제 시작해야 할지 알 수 없기 때문에 즉시 실천하지 않는다는 의미이기도 하다. 스스로 정한 기한은 지키기 어렵고 연초에 세운 목표는 이내 잊히곤 한다. 목표를 설정할 때는 이미 달성한 상태만을 의식하여 초기 단계를 소홀히 하는 경향이 있다. 미루느냐 마느냐는 지금 첫걸음을 내디딜 수 있느냐 없느냐에 달려있다.

한편, 순조로운 진행에도 위험이 도사리고 있을 때가 있다. 한번 시작하면 점차 가열되어 중간에 멈출 수 없는 상황도 있기 때문이다. 예를 들어, 다이어트를 목표로 열심히 운동하고 식단을 조절하다가 불현듯 고삐가 풀리고 폭식으로 이어져서 요요 현상에 빠지는 경우가 있다. 그 외에도 게임 중독, 도박, 과도한 간섭, 다툼, 불륜처럼 위험한 연애 등 한번 시작하면 멈출 수 없는 '과몰입' 상태에 빠질 수도 있다.

물론, 몰입이 긍정적인 영향을 발휘하는 영역도 존재한다. 학업, 스포츠, 취미 등의 분야에서 무언가에 몰두할 때 우리는 성장하는 기분을 훨씬 느낄 수 있다. 심리학자 미하이 칙센트미하이는 이러한 상태를 '플로우 경험'이라고 정의했다. 사용자 관점에서의 플로우 경험은 가장 편안한 상태에서 스스로 나아가며 최상의 퍼포먼스를 발휘하는 상황이다.

따라서 사용자에게 유익하고 비즈니스에도 긍정적인 메커니즘을 만들기 위해서는 사용자를 플로우 경험으로 인도하는 동기 부여 장치가 상품·서비스 곳곳에 마련되어 있어야 한다.

활용 방법

활용 1. 시작과 동시에 진행을 유도한다

포인트 카드는 엔다우드 프로그레스 효과Endowed Progress Effect의 대표적인 사례로 꼽힌다. 가입 시점에 이미 포인트가 적립되어 있거나, 스탬프가 찍혀 있는 카드를 종종 볼 수 있다. 또한, 중간 달성 포인트를 주는 이벤트 역시 목표 포인트까지의 진행을 유도하는 동기 부여 장치이다. 그 외에도 웹서비스 프로필 입력 페이지의 일부 항목이 미리 입력된 것, 선택 항목 일부에 디폴트 체크가 되어 있거나 가입 페이지를 연 순간 진행률이 표시되는 것 등도 이에 해당하는 사례이다. 시작과 동시에 진행을 유도하는 사용자 동기 부여 장치는 다양한 영역에서 응용되고 있다.

활용 2. 간단한 대응 방안을 제시한다

행동경제학자인 댄 애리얼리Dan Ariely의 저서 《상식 밖의 경제학》에 따르면, 미국의 자동차 기업 포드는 기존의 상세하고 복잡한 자동차

수리 점검 지표를 없애고 단순한 세 가지 지표로 대체했다. 그 결과 많은 자동차 소유주가 점검을 요청하게 되었다고 한다. 개발자 관점이나 비즈니스 관점으로 규칙을 세밀하게 나누면 사용자 관점에서는 문턱이 높거나 너무 복잡하게 느껴져 의욕을 잃고 행동하지 않게 된다. 이용률이나 회수율이 높지 않은 시책은 이와 관련 있을 가능성이 높다. 목표는 단순하고 쉽게, 간단히 응할 수 있는 환경을 제공하는 것이 중요하다.

활용 3. 조금씩 내놓는다

조금씩 순차적으로 진행하는 것이 중요하다. 한꺼번에 쏟아내면 오히려 역효과가 날 수 있다. 예를 들어, 고속 승진이나 파격적인 상여금을 포상으로 받은 사람은 이후의 소폭 인상에는 기쁨을 느끼지 못한다. 이전과 비교해서 상승하지 않으면 만족감을 느끼지 못하기 때문이다. 이는 중독 상황과 비슷한 면이 있다. 또한, 한꺼번에 다 꺼내면 다음 단계까지 공백이 생겨서 넘어가는 것을 잊어버릴 수 있다. 시험 전날 벼락치기 공부를 하며 시험이 끝나면 꾸준히 공부해야겠다고 각오해도 그때의 결심으로 끝나는 경우가 많고, 연 2회 치과 검진도 공백이 길어 잊게 되는 것이 다반사이다. 꾸준한 이용을 장려하는 상품·서비스는 과도한 자극이나 급격한 변화를 삼가고 조금씩 좋은 경험을 쌓아가도록 설계하는 것이 바람직하다.

25 피크 엔드 법칙
(끝이 좋으면 다 좋다)

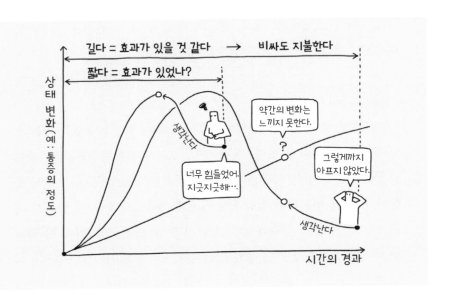

Key Point

- 처음보다 마지막 시간대가 더 강렬한 인상을 남긴다.
- 급격한 변화는 인상적이지만, 점진적인 변화는 알아차리기 어렵다.
- 시간이 걸릴수록 효과가 있다고 생각하게 된다.

행동 특징

'끝이 좋으면 모든 게 다 좋다'고 생각하는 경향을 '피크 엔드 법칙'

이라고 한다. 이는 영화 〈더 게임〉의 주인공 니콜라스 밴 오튼(마이클 더글러스 역)이 처한 상황과도 연결된다. 《대니얼 카너먼 심리와 경제를 말하다 ダニエル・カーネマン心理と経済を語る》에는 피크 엔드 법칙의 특징을 설명하는 세 가지 사례가 소개되어 있다.

첫 번째 사례는 피크 타임에 관한 것이다. 대장내시경 검사 시간이 한 병원은 8분이고 다른 병원은 22분이다. 시간이 짧을수록 고통이 적을 것으로 생각할 수도 있지만 실제로는 다르다. 대장내시경 검사에는 통증의 피크가 있는데, 8분은 짧지만 강렬한 통증을 느끼는 순간에 검사가 끝난다. 반면 22분은 길지만 통증이 완화된 상태에서 검사가 끝난다. 결과적으로 22분이 더 낫다고 응답한 환자가 많은 것으로 나타났다. 마지막 순간의 기억이 더 강하게 남는다는 점에서 괴로운 상황을 겪고 있다면, 바로 끝내지 말고 잠시 여운의 시간을 가지는 것이 더 나은 기억을 남길 수 있다.

두 번째 사례는 서프라이즈 효과이다. 예상치 못한 일에 기쁨을 느끼면 이전의 불쾌한 기분이 순식간에 잊히고 행복한 기분으로 바뀐다. 서두에 잠시 언급한 영화 〈더 게임〉의 주인공이 이러한 현상을 경험한다. 서프라이즈 효과를 극대화하기 위해서는 간극이 중요하다. 초반에 큰 기대를 줄 필요 없이 마지막에 한꺼번에 변화를 주어 기존의 감정을 리셋하게 만드는 것이 효과적이다. 약간의 변화만 순차적으로 주게 되면 변화를 느끼지 못하는 '끓는 물 속 개구리 상태'에 빠질 수 있다. 따라서 좋은 인상을 주고 싶을 때는 한 번에 큰 변화를 주고, 나쁜 인상을 주고 싶지 않을 때는 조금씩 변화를 주는 것이 효과적이다.

세 번째 사례는 시간과 가격의 관계에 관한 것이다. 예를 들어, 수리 단가가 8만 원으로 동일하지만, 숙련도가 확연히 다른 두 사람이 있다. 숙련된 수리공 A는 5분 만에 해결할 수 있지만 수습생 수리공 B는 60분이 걸린다. 논리적으로 생각해 보면 빠르게 고쳐주는 A가 더 나은 선택일 것이다. 그러나 순식간에 고치는 A의 8만 원은 너무 비싸다고 여겨지고, 반면 천천히 정성스럽게 고쳐주는 B의 8만 원은 적정하다고 생각될 수 있다. 이는 노력 대비 비용은 적절하다고 평가하지만, 기술 대비 비용은 과소평가하는 경향 때문이다. 야근을 많이 하는 비효율적인 사람이 회사에서 더 높은 평가를 받는 현상도 이와 관련 있을 수 있다.

이처럼 사람들은 시간의 흐름에 따라 세 가지 요인에 영향을 받는다. 마지막에 경험한 것이 중요하다, 급격한 변화가 있을 때 감정이 변한다, 시간과 효과를 연관 지어 생각하는 경향이 있다. 따라서 언제, 어떤 타이밍에, 어떻게 전환할 것인지를 의식하면 같은 내용의 서비스라도 사용자가 느끼는 인상은 크게 달라질 수 있다.

활용 방법

활용 1. 마지막에 보상을 준다

매장에서 가구를 고르고 구매하는 과정은 대체로 번거로운 일이지만, 이케아는 이를 즐겁게 시간을 활용하는 경험으로 변화시켰다. 사용자가 이케아에서 보내는 시간 중 80~90%는 쇼룸을 돌아다니는 데 사용된다. 하지만 쇼룸 탐방을 마친 후 카트에 물건을 싣고 가서 결제하는 순간, 기분이 전환된다. 제품을 결제하고 계산대 근처에서 파는 아이스크림을 즐기는 순간, 쇼핑의 피곤함이 잊히며 즐거운 경험으로 마무리된다. 이케아의 독창적인 접근법을 통해 사용자 경험을 긍정적으로 향상하는 아이디어를 얻어 보자.

활용 2. 분위기를 갑자기 바꾼다

생일 축하 이벤트를 제공하는 레스토랑에서도 배울 점이 많다. 생일 축하 케이크를 가져다주는 연출은 서프라이즈의 정석이지만, 조용한 식사 시간을 유지한 후 특정 순간에 조명을 끄고 음악을 재생하여 분위기를 전환하는 것이 포인트이다. 이케아 레스토랑도 어린이를 위한 생일파티 서비스를 제공한다. 유니폼을 입은 직원들이 갑자기 등장하여 축하해 주면 마치 플래시몹과 같은 서프라이즈 효과가 있어 더 큰 기쁨을 느끼게 한다.

활용 3. 오래 머물게 한다

이케아는 먼저 천천히 쇼룸을 돌아보는 데 시간을 할애하기 때문에 일반 매장보다 체류 시간이 길다. 심지어 거의 하루 종일 머무는 사람도 있다. 사용자는 구경에 소비한 시간을 보상받기 위해서라도 빈손으로 돌아갈 수는 없다고 생각하며 제품을 구매하고, 식사를 하거나 마지막에는 기념품을 사는 등의 행위로 만회하려고 한다. 이렇게 체류 시간을 늘려 소비 행위로 유도하는 전략은 회전율을 중시하는 일반 음식점에는 도입하기 어렵지만 테마파크나 호텔 등의 업종에서는 활용할 부분이 있을 것이다.

바이어스 4

거리를
의식한다

자신과 가까운 것에는 친밀감을 느끼지만, 멀리 떨어진 것이나 자신이 모르는 것에 대해서는 불안감을 느끼고 경계하며 다가가기를 꺼린다. 이는 물리적 거리뿐만 아니라 심리적 거리에도 적용된다. 거리를 인식하는 방식은 상황에 따라 다르며 자신과의 경계를 그리는 경향이 있다. 예를 들어 손으로 만질 수 있거나 공통점을 찾으면 이전에 멀게 느껴졌던 것이 갑자기 가까워 보일 수 있다.

26 보유 효과
(내 것이 최고)

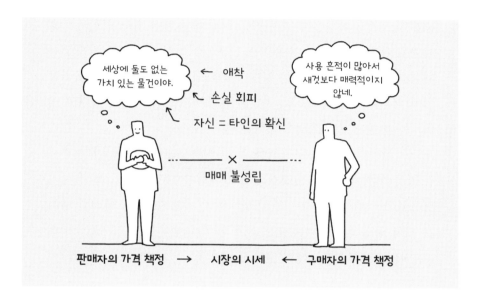

Key Point

- 소유자는 종종 더 높은 가격을 부과하는 경향이 있다.
- 애착, 손실에 대한 두려움, 착각이 보유 효과를 높인다.
- 보유 효과는 스펙을 초월한 애정이 작용하여 더 가치 있게 여기게 된다.

행동 특징

자신이 소유한 물건에 대해서 타인의 평가보다 더 높은 가치를 부여하는 현상을 '보유 효과'라고 한다. 예를 들어, 다른 사람에게는 낡아 보이는 자동차일지라도 소유한 본인은 신제품보다 더 가치 있게 여기는 경우가 있다.

행동경제학자 댄 애리얼리는 《상식 밖의 경제학》을 통해 보유 효과에 빠지는 세 가지 이유를 제시했다. 첫 번째는 자신이 소유한 물건에 대해 감정적인 애착을 느끼기 때문이다. 이는 뒤에서 소개할 터치 효과와도 관련이 있다. 즉, 소유한 물건을 만지면서 애착을 느끼게 되는 것이다. 두 번째는 무언가를 잃는 것에 대한 상실 의식이 강하게 작용하기 때문이다. 마지막으로, 자신의 생각과 타인의 생각이 같다고 착각하는 경향도 보유 효과에 영향을 미친다.

무료 체험 기간은 보유 효과를 잘 활용한 사례 중 하나이다. 사용자는 제품이나 서비스를 30일간 무료로 체험함으로써 자연스럽게 자기 소유로 느끼게 되고, 이는 결국 구매로 이어질 수 있다. 이러한 방식은 시험 착용 상품(안경, 신발, 옷, 베개 등)이나 구독형 비즈니스(음악, 온라인 학습, 유료 멤버십 등)에서 많이 사용된다.

체험판 시스템을 도입하면 사용자가 가격에 대한 장벽을 느끼지 않고 제품을 보유하게 된다. 그러나 사용자가 보유할 수 있는 수량(물질뿐만 아니라 서비스도 포함)에는 한계가 있다. 체험 기간이 끝나면 자동으로 유료 전환되는 서비스는 사용자가 체험 중에도 해지를 걱정하며 사용하게 만들 수 있다. 이러한 점을 고려하여 사용자가 보유에 대한 스트레스를 느끼지 않도록 배려하는 것이 중요하다.

보유 효과의 부정적인 측면 중 하나는 매매가 성립되지 않을 가능성을 높인다는 점이다. 부동산을 예로 들면, 매도인은 자신의 매물을 과대평가하는 마음이 작용하고 매수인은 가능한 한 저렴하게 사려는 경향이 있다. 이러한 불일치의 상황에서 매도인은 자신이 집을 과대

평가하고 있다는 사실을 인지하지 못할 수 있다. 일본의 프리마켓 서비스인 mercari의 참고 가격 표시 기능은 이러한 보유 효과 바이어스를 바로잡고 빨리 팔 수 있도록 돕는 장점이 있다. 이를 통해 사용자들은 자신이 등록한 상품이 어느 정도의 가격대에 팔릴 수 있는지에 대한 정보를 알 수 있다.

보유 효과를 잘 활용하려면 수용자의 감정에 얼마나 다가갈 수 있는지가 중요하다. 사용자에게 호감을 주기 위해서는 단순히 수치로 측정되는 평가를 넘어 소유욕을 자극하는 요소에 집중해야 한다. 이를 궁리하다 보면 보유 효과로 이어지는 힌트를 찾을 수 있을 것이다.

활용 방법

활용 1. 신체 감각을 적극 활용한다

보유 의식은 신체 감각과 밀접한 관련이 있다. 예를 들어 숙련도나 익숙함이 필요한 악기나 스포츠용품, 운전 스타일에 길든 자동차, 바늘을 살며시 내려놓는 아날로그적 행위와 소리가 결합한 레코드판 등은 보유 효과에 빠지기 쉬운 제품들이다. 사용자가 함께 시간을 보내며 익숙해지고 신체를 사용하여 조작하면서 애착을 형성하기 때문이다. 따라서 사용자가 신체 감각을 활용하여 익숙해질 기회를 디자인적으로 제공하면 사용자 경험을 높이고 제품에 대한 감정적 결합을 강화할 수 있다. 이를 통해 사용자들은 제품이나 서비스와의 관계를 더욱 깊게 형성하고 보유 효과를 강력하게 느낄 수 있다.

활용 2. 노력해야 가질 수 있도록 만든다

힘들게 구한 것일수록 사용자는 더 강한 애착을 느끼게 된다. 예를 들어, 구하기 힘든 티켓이나 신발과 같은 제품부터 직접 조립한 가구,

반복된 훈련의 결과로 얻은 근육까지 다양한 형태로 나타날 수 있다. 힘들게 구하거나 획득한 물건이나 경험은 사용자에게 더 큰 가치를 지니게 되며 그로 인해 더욱 강한 애착을 형성하게 된다. 손만 뻗으면 닿을 거리에 있지만 소유하기 어렵게 만드는 것도 사용자들에게 더 큰 만족감과 애착을 줄 수 있는 아이디어가 될 수 있다.

활용 3. 자격이나 지위를 만든다

만질 수 없는 무형의 서비스에 보유 효과를 적용하려면 자격증이나 스테이지 레벨 등을 설정하는 전략이 효과적이다. 예를 들어, 상용 고객 멤버십, 전문 자격증, 연간 등급 등은 특정 지위나 자격을 보유하고 있다는 느낌을 애착으로 연결한 사례라고 할 수 있다. 게임에서는 특히 이러한 장치를 많이 활용하는데 사용자는 게임 내에서 자신의 발전과 성취를 느끼고 이에 대한 자부심과 애착을 형성하게 된다.

27 DIY 효과
(자신이 참여하면 과대평가)

Key Point

- 무언가를 가공하거나 수정하고 보완하는 것은 인간의 본능적 욕구이다.
- 공정의 극히 일부분이라도 개입하면 결과물에 대한 애착이 생긴다.
- 시장의 효율성이 높아질수록 참여형 활동이 더 큰 가치를 가지게 된다.

행동 특징

자신이 조금이라도 손을 댄 것에는 특별한 애착이 생기는 현상을 'DIY 효과'라고 한다. 구매자가 직접 가구를 조립하는 이케아가 대표적인 사례로 꼽히며 이케아 효과라고도 불린다. 이케아 전에도 이미 팬케이크 믹스와 같은 간편식에 도입된 바 있다. 물만 넣고 조리하는 제품은 DIY 효과가 미비했지만, 달걀을 넣는 수고를 추가한 결과 대단한 인기를 얻었다.

DIY 효과는 미니 사륜구동차, 전기자전거, 분양주택의 커스텀 요소와 같은 다양한 분야에서도 발견된다. 또한 디지털 세계의 배경 화면 설정, 재생목록 생성, 아바타 만들기 등의 서비스에서도 이를 확인할 수 있다.

직접 가공에 참여한 물건에 대해서는 가격을 높게 책정하는 경향이 있다. 이는 소유물에 대한 애착과 유대감을 유발하는 '부여 효과'와 관련이 있다. 따라서 자신이 관여한 것을 과대평가하여 다른 의견을 배척하거나 간과하지 않도록 주의해야 한다.

DIY 효과의 흥미로운 특징 중 하나는 전체를 직접 만들 필요가 없다는 점이다. 대부분이 이미 완성된 상태에서 조금만 손을 보면 이 효과가 나타나는 것이다. 어린이 대상 행사에서는 이미 80% 정도 완성된 작품에 색칠과 같은 약간의 개성을 더해 자기 창작물로 만드는 체험 활동이 많이 있다. 비즈니스 현장에서도 최종 단계에 서명하거나 도장을 찍는 행위가 이와 유사하다. 또한 일이 진행되는 동안에는 관망하다가 최종 의사결정 회의에서 잠깐 발언하거나 메일 참조 받은 것을 참여로 꾸미는 행위도 DIY 효과의 한 형태이다.

이러한 현상을 뒤집어 보면, 과정 전반에 걸쳐 노력을 많이 기울였음에도 마무리를 다른 사람이 해버리면 애착이 생기지 않는다. 특히 부모가 자녀의 과제에 관여하고 싶어도 마무리 단계에서는 개입하지 않고 참는 것이 좋다. 이를 상품·서비스에 대입하면 어떨까? 꾸준히 사랑받으려면 사용자가 마지막 완성 단계에 관여해야 한다는 의미가 된다.

DIY 효과를 응용하여 공정의 마무리 단계에 이르렀을 때 굳이 상대방에게 맡겨서 만족도를 높일 수 있다. 상사나 고객에게 어떤 제안을 할 때 내용을 빈틈없이 채우는 대신 상대방의 의견을 약간이라도 반영할 여지를 두면 긍정적으로 검토될 가능성이 높아진다. 이는 그들이 마지막에 참여했기 때문이다. 어떤 식으로든 개입하게 되면 본인과의 거리감이 좁혀지고, 일부라도 자신의 의견이 반영되면 더 친근하게 느껴지는 원리이다.

DIY 효과는 완제품보다 손이 많이 가기 때문에 효율성을 중시하는 시장에는 적합하지 않다. 반대로 효율성을 추구하지 않고 수고를 즐기는 의식주 관련 용품이나 오락·취미 용품들은 DIY 효과를 기대할 수 있다. 사람들은 효율성을 추구하는 것처럼 보이지만 너무 효율적인 제품은 직접 개입할 여지가 없어 만족감을 느끼지 못하고, 실제로 직접 노력하고 시간을 투자하는 수고를 들임으로써 자부심과 애착을 느끼고 싶어 하는 경향이 있다.

활용 방법

활용 1. 불편함이 있는 시장을 창출한다

캠핑을 좋아하지 않는 사람들은 '왜 굳이 시간과 돈을 들여서 불편을 감수할까?'라며 의문을 품을 수 있다. 그러나 여가 시간을 즐기고 싶은 사용자들의 수요는 계속 증가하고 있다. 그에 발맞춰 캠핑 관련 시장이 활성화되고 있으며 조작이 편리하고 디자인이 멋진 신제품이

연이어 출시되고 있다. 약간의 수고를 들여서 직접 텐트를 치고 식사를 준비하고 장작으로 모닥불을 피우는 일 자체는 사용자에게 즐거운 경험으로 여겨질 수 있다. 캠핑 외에도 편리한 제품이 지배하는 시장에 일부러 DIY 요소를 가미함으로써 새로운 시장을 개척할 수 있는 가능성은 얼마든지 있다.

활용 2. 상품과 서비스를 만나는 순간에 수고를 더한다

예를 들어, 관엽식물을 구매할 때 사용자가 직접 화분을 고르고 심는 서비스를 제공한다면 해당 식물과 매장에 애착을 느낄 가능성이 커진다. 또한 물 주기와 같은 일상적인 관리 행동은 상품과 사용자 간의 접점이 될 수 있다. 이를 디지털 서비스와 결합하여 인터넷을 통해 사용자에게 관리 팁이나 리마인더를 제공하면 사용자와 상품 간의 상호작용이 강화될 것이다. 이처럼 만남과 일상의 습관적인 행동에 집중하면 수고와 애착의 접점을 찾을 수 있다. 이러한 접점을 통해 사용자와 상품 간의 관계를 강화하고 더 오랫동안 해당 상품을 유지하고 싶은 욕구를 자극할 수 있다.

활용 3. 크래프트 소비 시장을 노린다

커피 추출은 이미 자동화된 시장이지만, 사용자가 자신만의 취향을 반영하여 직접 로스팅하고 핸드드립 하는 크래프트 커피 시장이 확대되고 있다. 이러한 트렌드를 고려하여 기존의 자동화된 제품을 구매하는 소비 습관에 크래프트 요소를 추가하는 방안을 고려할 수 있다. 예를 들어 라이프스타일 매거진에 수록된 특집 테마를 살펴보면 크래프트 요소의 힌트를 얻을 수 있을 것이다.

활용 4. 스탬프를 찍게 한다

연산 훈련 학습지의 구성을 보면 사용자가 문제를 다 풀고 나서 스티커를 붙이거나 도장을 찍는 칸이 있다. 이는 사용자가 자신의 노력과 시간을 투여하여 과제를 완수했다는 성취감을 느끼게 만드는 요소이다. 닌텐도 스위치의 'Fit Boxing'은 일일 트레이닝 과정이 끝나면 마지막 펀치를 날려 성취 스탬프를 찍는다. 간단한 동작이지만 사용자는 이 순간을 통해 성취감과 쾌감을 느낄 수 있다. 이렇게 사용자가 직접 끝을 맺고 성취감을 느끼는 요소를 가미하면 동기 부여를 유지하는 데 도움이 된다.

MAYA 이론
(새로움과 익숙함의 균형)

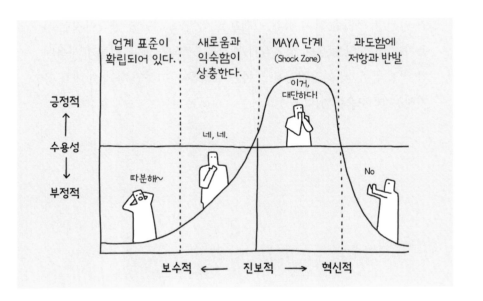

Key Point

- 인간의 마음에는 보수적인 사고방식과 강한 호기심이 공존하고 있다.
- 첨단 기술이나 새로운 서비스에도 친숙한 요소가 있으면 수용하기 쉽다.
- 하나의 상품이나 동일한 서비스 내에서 새로움과 익숙함이 공존할 수 있다.

행동 특징

레이먼드 로위^{Raymond Lowy}는 20세기 미국의 고도 성장기에 활약한 산업 디자이너로 유명하다. 그는 럭키 스트라이크 패키지, 유선형 자동차, 냉장고 등을 디자인하여 큰 상업적 성공을 거두었고 자서전《절대 있는 그대로 두지 말라 Never Leave Well Enough Alone: The Personal Record of an Industrial Designer》를 통해 MAYA 이론을 소개했다.

MAYA는 Most Advanced Yet Acceptable의 약자로 '가장 진보적이지만 수용 가능하다'는 의미이다. 이 이론은 사람들의 마음속에 보수적인 사고방식과 강한 호기심이 공존한다는 사실을 감안하고 제품이나 서비스를 디자인할 때 진보적인 요소와 친숙한 요소를 조화롭게 반영하면 사람들의 높은 관심을 끌 수 있다는 것이다. 진보적인 요소와 친숙한 요소가 무엇인지 알아보자.

'Advanced=진보적'이라는 개념은 약간 놀랍고 예상치 못한 상황에서 무언가를 발견한 순간, 높은 만족감을 느끼는 현상을 설명한다. 게임을 예로 들어, 플레이 레벨이 약간 어렵지만 노력으로 클리어할 수 있는 수준이면 다음 스테이지에 대한 설렘과 미지의 호기심이 생겨서 게임을 계속하고 싶어진다. 이처럼 Advanced는 앞으로 펼쳐질 일에 대한 궁금함과 조금 더 나아가고 싶어 하는 인간의 심리를 공략하여 사용자를 지루하지 않게 하는 효과가 있다.

'Acceptable=친숙함'이라는 개념은 이름을 여러 번 듣거나 자주 마주친 대상에 대해서는 호감도가 높아지는 현상을 설명한다. 이렇게 접촉 빈도가 높을수록 좋은 인상을 가지게 되는 현상을 '단순 노출 효과 Mere Exposure Effect' 혹은 '자이언스 효과 Zajonc effect'라고 한다. 대표적인 예로는 기업명이나 상품명을 연발하는 광고, 유권자들을 직접 만나 악수하는 정치인 등을 들 수 있다. 사용자가 친숙함을 느끼면, 우연히 접했을 뿐이고 실체를 알지 못해도 무의식적으로 신뢰하고 지지하게 된다. 그러나 너무 익숙해지면 질릴 위험도 있다.

MAYA 이론은 '진보성'과 '친숙함'을 결합하여 '새로운 것에 매력을 느끼면서도 익숙함을 원한다'는 사용자의 심리를 자극한다. 너무 진보적이면 불안하고, 너무 익숙하면 지루해지므로 절묘한 균형이 필요하다. 레이먼드 로위는 이 원리를 산업 제품이나 상품 패키지 디자인에 적용하여 사용자들의 마음을 사로잡았다. 그가 활약한 시기는 1950년대였지만, 그의 MAYA 이론에서 히트상품을 만들어내는 힌트를 얻을 수 있다. 이를 실천한 사람이 바로 스티브 잡스이다. 그는 아이폰을 통해 MAYA의 절묘한 균형을 제대로 보여주었다. 활용 방법을 통해 구체적인 내용을 살펴보자.

활용 방법

활용 1. 이해하기 쉬운 메시지를 내세운다

2007년 아이폰이 발표된 당시에는 프레젠테이션에서는 'iPod + Phone + Internet'이라는 표현을 사용했다. 그 당시에는 스마트폰을 기반으로 한 모바일 사회를 상상하지 못했기 때문에 아이폰의 존재는 'Most Advanced Not Acceptable'이었다. 그러나 스티브 잡스는 '기존 세 가지 제품의 기능이 합쳐졌다'는 심플한 메시지를 전면에 제시함으로써 새로움을 친숙함으로 포지셔닝하여 'Yet Acceptable'로 만들었다.

활용 2. 새로운 것과 익숙한 것을 결합한다

아이폰이 발표된 당시에는 디바이스가 혁신적이었던 반면, 데모로 시연한 음악들은 비틀스, 밥 딜런 등 대중에게 익숙한 아티스트들의 대표곡이었다. 아이콘 디자인 또한 당시에는 종이 노트처럼 친숙한 모티브를 활용하여 표현되었다. 히트작들이 대부분 이런 친숙한 모티브를 사용하고 있는 것은 이와 같은 이유 때문이다. 예를 들어 스타워즈 영화는 우주 배경의 진보적인 세계관에 정의와 악의 대결이라는 고전적인 테마를 결합하여 수많은 영화 팬의 사랑을 받았다. 닌텐도 역시 새로운 게임기를 발표할 때마다 마리오 같은 스테디셀러 캐릭터 소프트웨어를 함께 출시하는 전략으로 사용자들에게 익숙한 요소를 제공하여 새로운 기술과의 만남을 즐겁게 만들고 있다.

활용 3. 체감하게 한다

새로움은 언어로 온전하게 전달할 수 없다. 이론적인 설명보다는 시연을 통해 직접 체험하게 하는 것이 훨씬 효과적이다. 아이폰 발표 때도 이론은 간단히 언급하는 선으로 넘어가고 실제 사용 장면을 보여주는 데 초점을 맞추었다. 또한 매장에서 사용자들이 직접 제품을 체험토록 함으로써 새로운 기술은 미래의 어느 시점에 이루어지는 것이 아니라 현재 우리 곁에서 실현되고 있음을 강조했다. 이러한 방식은 사용자들에게 새로운 세계관을 실감하게 하여 제품에 대한 호기심과 관심을 자극하는 데 큰 역할을 한다.

터치 효과
(접촉하면 애착이 생긴다)

29

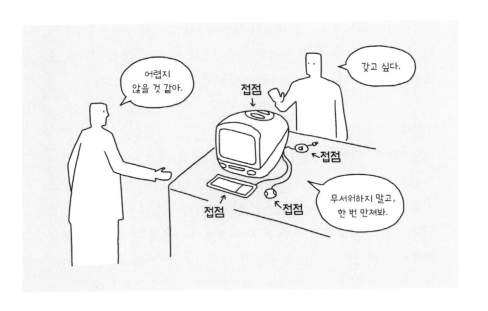

Key Point

- 손으로 만진 대상에 대해서는 애착이 생긴다.
- 인공물과의 거리가 가까워지면 구매 등의 행동으로 이어진다.
- 사용법을 시사하는 디자인과 어포던스^{Affordance}는 다르다.

행동 특징

초창기 iMac에는 손잡이가 달려있었다. 이는 디자인을 담당했던
조너선 아이브^{Jonathan Ive}의 의도가 반영된 것이다. 린더 카니^{Leander Kahney}가

쓴《조너선 아이브: 위대한 디자인 기업 애플을 만든 또 한 명의 천재》에 이에 관한 일화가 소개되어 있다.

"나는 보통 무서워 보이는 것에는 손을 대지 않는다. 우리 어머니도 컴퓨터를 무서워하며 만지지 않았다. 그래서 만약 손잡이가 있다면 연결될 수 있지 않겠느냐고 생각했다. 손잡이가 있으면 만지기 쉽다. 나도 모르게 손에 쥐게 된다. 만져도 괜찮다는 신호가 된다. 그것은 인간에 대한 순종을 보여준다."

오늘날 가정에서 PC를 보편적으로 사용할 수 있게 된 배경에는 친숙한 디자인이 큰 역할을 했다. 친숙함을 상징하는 중요한 요소 중 하나가 바로 초창기 iMac의 손잡이다. PC에 대한 낯선 불안감을 없애려면 만져보고 싶은 친숙한 외형으로 만들어야 했다. 사용자들이 매장에서 제품을 실제로 만져보면서 애착이 생겼고, 결국 PC에 대한 인식을 획기적으로 전환하는 데 성공했다. 이러한 현상을 '터치 효과'라고 한다. 사용자들이 제품을 직접 만져보고 체험하면서 감정적인 유대감을 형성하게 되는 것이다. 이러한 디자인 전략은 사용자들의 경험을 향상하고 제품에 긍정적인 인상을 준다.

하드웨어 디자인은 사람과 PC를 연결하는 접점이다. 이는 마우스와 키보드, 전원 코드, 그리고 집에 놓을 때 들어 올리는 손잡이처럼 사용자가 물리적으로 만질 수 있는 요소를 통해 이루어진다. 초창기 iMac은 사람과 PC를 연결하는 접점에 주목하여 특이점으로 삼았다. 손잡이를 통해 사용자들이 컴퓨터에 쉽게 손을 뻗을 수 있게 하였으며 이는 사용자들에게 친숙한 경험을 제공했다. 애플은 이후의 제품에서도 이러한 촉감을 의식한 형태로 디자인을 이어오고 있다. 예를 들어서 iMac의 마우스, 어댑터, 1세대 아이폰, 애플워치 등은 사용자의 손에 편안한 감각을 주도록 디자인되어 있고 사용자들의 편의성과 만족도를 높이는 데 기여하고 있다.

사람과 환경의 관계를 나타내는 어포던스[affordance]라는 개념은 본래 환경이 생물에게 부여하는 의미나 가치를 의미한다. 그런데 사용법을 시사하기 위해 형태나 표시를 디자인하는 것으로 오해되고 있다. 실제로 어포던스는 사용법의 범위에 머물지 않고 사용자와 인공물 간의 상호작용을 디자인하는 것을 의미한다. iMac은 단순히 조작을 유도하기 위한 형태가 아니라 사용자와 인공물 간의 관계를 다시 생각한 것으로 어포던스 관점에서 탁월하다고 볼 수 있다.

사용자와의 접점이 없다면, 만지는 원초적 경험을 통해 인공물에 애착을 느끼게 하는 것이 디자이너의 역할이다. 어포던스의 정의에서 이러한 접점을 '서피스[surface]'라고 한다. 초창기 아이맥이 등장한 지 20년이 지난 지금, 마이크로소프트가 '서피스[Microsoft Surface]'라는 이름의 하드웨어를 출시하여 접점을 만들려고 하는 시도를 이러한 관점에서 보면 흥미롭다.

활용 방법

활용 1. 구매 전에 직접 만져본다

매장에서 옷을 선택하거나 마트에서 과일을 고를 때, 대다수는 무의식적으로 상품을 만져보곤 한다. 어포던스 개념을 적용해 보면, 이는 자신과 상품 사이의 거리를 좁히려는 행위로 해석할 수 있다. 상품을 직접 만져보는 것은 사용자에게 상품과 더 가까운 관계를 형성하고 상품에 대한 신뢰와 관심을 높일 수 있다. 따라서 실물이 있다면 쇼케이스에 가둬두지 말고 일부 샘플이라도 최대한 손으로 만져볼 수 있도록 하는 것이 중요하다. 이렇게 하면 사용자가 상품을 직접 경험하면서 관심이 생기고 구매를 고려할 가능성이 높아진다.

활용 2. 일관된 캐릭터로 친밀감을 만든다

이미 보편화된 방법이지만, 패키지 등에 캐릭터를 접목함으로써 친밀감을 어필하는 방법은 많은 상품·서비스에서 활용되고 있다. 그러나 캐릭터와 상품 이미지가 분리되어 있으면 친밀감 효과가 제대로 발휘되지 않는다. 예를 들어, 사이트의 초기 화면은 귀엽지만, 사용자가 신청 페이지로 이동하면 내용과 표현이 딱딱해지는 웹사이트는 캐릭터의 효과를 제대로 살리지 못하고 있다. 사용자가 접하는 범위는 처음부터 끝까지 일관성을 유지하는 것이 중요하다. 이러한 일관성은 사용자 경험을 향상하고 친근감과 신뢰감을 증진하는 데 도움이 된다.

활용 3. 두려움을 없앤다

세상에는 아직도 사용자가 두려움을 느끼는 상품·서비스가 많이 존재한다. 복잡한 메커니즘, 난해한 이론, 어려운 비즈니스 등 모두가 어쩔 수 없다고 생각하는 영역에 바로 기회가 있다. '무섭지 않아', '괜찮아'라고 사용자에게 전할 수 있는 요소를 탐구하고, 초창기 iMac과 같은 돌파구를 찾아보는 것이 중요하다. 이를 위해서는 사용자의 불안과 두려움을 해소할 수 있는 요소를 찾고, 그것을 제품 또는 서비스에 녹여낼 필요가 있다. 사용자 친화적인 디자인, 직관적인 사용법, 친근한 커뮤니케이션 등을 통해 사용자들이 더욱 편안하게 느낄 수 있도록 노력해야 한다. 이러한 노력을 통해 사용자들이 두려움을 느끼지 않고, 편안하게 상품과 서비스를 이용할 수 있는 환경을 조성할 수 있다.

30 내집단과 외집단
(제 식구 감싸기)

Key Point

- 사람들은 내집단과 외집단으로 나누는 습성이 있다.
- 집단에 소속되어 있다는 인식이 능력이나 행동에 영향을 미친다.
- 독창성이 높은 내집단은 외집단을 공격하는 경향이 있다.

행동 특징

    평화로우면 좋으련만 세상은 여전히 다툼이 끊이지 않는다. 이는 내집단과 외집단의 습성이 강하게 작용하고 있기 때문으로 보인다.

"당신은 Mac과 Windows 중 어느 쪽입니까?"라는 질문을 받으면. 비교적 빠르게 답이 나오고, 지지하지 않는 쪽의 단점도 쉽게 떠올릴 것이다. 중립적인 입장을 주장하는 사람은 사실상 드물다.

지금은 윤리적으로 문제가 제기되고 있는 실험이 1961년에 행해졌다. 여름 캠프에 참가한 아이들을 두 팀으로 나누고, 처음에는 다른 팀의 존재를 알리지 않은 채 공동 활동을 통해 팀 내 결속력을 다졌다. 이후 서로에게 다른 팀의 존재를 알리고 경기를 진행했는데, 경기에서 패배한 팀이 승리 팀의 깃발에 불을 질렀고, 이에 대응하여 승리 팀은 상대 팀의 숙소를 찾아가 위협하면서 싸움이 격화되었다.

너무 격한 사례로 여겨질 수 있지만, 한편으로는 교내 학급별 경쟁, 다른 학교와의 경기, 직장 내 타 부서와의 갈등, 정당 간의 다툼 등 안과 밖을 나누어 충돌하는 상황은 사회 곳곳에서 일어나고 있다. 어떤 환경이든 어느 정도 인원이 모이면 '우리 vs 그들'의 구도가 형성된다. 이렇게 자신이 속해 있다고 느끼는 집단을 내집단, 자신이 포함되지 않은 집단을 외집단으로 분류한다. 쉽게 말해 '우리'와 '그들'의 관계이다. 집단을 형성하는 방식은 문화권마다 다르며, 일본의 경우는 공간 내에서 소규모 집단을 형성하는 경향이 강하다.

안팎에 대한 의식이 미치는 영향을 연구한 흥미로운 실험이 있다. 미국에서는 수학에 대해 '아시아인은 수학을 잘한다', '여성은 수학을 못한다'는 고정관념이 강하다. 그래서 이 두 가지 선행 조건을 모두 충족하는 아시아계 미국인 여성들에게 수학 시험을 치르기 전에 설문지를 배포했다. 한 그룹의 설문지는 아시아계 뿌리를 의식하게 하는 내용으로 구성했고, 다른 한 그룹의 설문지는 여성을 의식하게 하는 내용으로 구성했다. 그 결과, 아시아계 뿌리를 강하게 의식한 그룹은 성적이 좋았고, 여성을 강하게 의식한 그룹은 성적이 좋지 않았다.

이 결과가 시사하는 바는 두 가지인데, 하나는 자신이 무의식적으로 내집단 소속을 의식하고 있다는 것이고, 두 번째는 그렇게 생각하는 것이 능력에도 영향을 미친다는 것이다.

애플은 이러한 의식을 활용하는 전략을 채택했다. 광고나 프레젠테이션 등에서 외집단인 Windows를 종종 언급함으로써 내집단인 Mac 사용자들의 팬덤을 형성하는 데 주력했다. 애플은 독자성을 추구하는 기업으로 외집단에 비해 우월하다는 이미지 공세를 펼친 것이다. 2, 3위 후발주자들은 이러한 접근법이 어려울 수 있다. 하지만 독자성이 강조된다면 내집단의 우월성을 더욱 부각할 수 있다.

활용 방법

활용 1. 동료로 끌어들인다

사람들은 자기 집단에 대해 더 관대하게 대우하는 경향이 있다. 이는 동일한 직업을 가진 사람을 높게 평가하거나, 혈연·학연·지연이라는 전통적 사회관계를 우대하는 경향이 있다. 만약 상대방의 내집단에 속하고 싶다면 공통점을 찾아내어 같은 범주로 인식되도록 유도할 수 있다. 고객의 취향에 동조하며 "저도 이 제품 정말 좋아해요!"라고 말하는 매장 직원이나 공통 취미를 찾아내어 소통하는 사람은 같은 내집단을 환기하는 것이다. 하지만 이러한 접근 방식에는 주의할 점이 하나 있다. 상대 집단의 인격을 비난하거나 부정적으로 환기하는 것은 바람직하지 않다. 예를 들어, 악행에 대해 "당신 같은 부류의 사람들이 문제다."라는 식으로 주의를 환기하는 것은 오히려 상대방에게 '나는 문제를 일으켜도 되는 사람이구나'라는 잘못된 인식을 유도할 수 있다.

활용 2. 그룹을 세분화한다

내집단에 비해 외집단의 범주에 대해서는 대략적인 특징으로만 파악하는 경향이 있다. 내집단에 대한 인식은 대개 상세하고 다양한 특징을 고려하지만, 외집단에 대해서는 일반적이고 단순한 특징으로 그룹화하는 것이다. 예를 들어, 같은 국적의 사람들에 대해서는 다양한 성격을 상상할 수 있지만, 외국인에 대해서는 국가와 인물의 성격을 단정 짓는 경향이 있다. 이를 활용하여 내집단 그룹을 더 세분화하고 안과 밖으로 명확하게 나누면, 새롭게 생성된 내집단 그룹은 특별하게 여겨지기 때문에 만족도를 높일 수 있다. 예를 들어, 멤버십 클래스를 세분화하면 상위 클래스에 속한 구성원은 더 높은 우월감을 느낄 수 있다. 그러나 이러한 방식은 편견과 편애, 갈등을 조장할 수 있으므로 사용에 주의가 필요하다. 신중하게 그룹을 세분화하고 분류하는 것이 중요하다.

활용 3. 가상으로 공통의 적을 만든다

내집단과 외집단 간의 적대 관계를 해소하는 한 가지 방법은 새로운 외부의 적을 등장시키는 것이다. 서로 협력하지 않으면 살 수 없는 환경이 만들어지면 집단 간의 적대관계가 사라지고 이전에 적대적으로 인식되던 상대가 갑자기 신뢰할 수 있는 동맹자가 된다. 〈인디펜던스 데이〉처럼 지구인이 단결해 외계인과 싸우는 영화나 〈드래곤볼〉처럼 전편까지 적이었던 캐릭터들이 이번 화에는 같은 편에서 함께 싸우는 애니메이션 등이 이러한 접근의 대표적인 예이다. 실제로 존재하지 않더라도 가상의 적을 만들어 라이벌과의 적대관계를 해소할 수 있다. 이러한 전략은 집단 간의 갈등을 완화하고 협력을 유도하는 데 유용한 방법이다.

31 노스탤지어
(향수 마케팅)

Key Point

- 향수가 느껴지면 안심하고 상품·서비스를 이용하고 싶어 한다.
- 나이에 따라 향수를 느끼는 방식이 달라진다.
- 직접 경험하지 않은 사건에서도 특정한 향수를 느낄 수 있다.

행동 특징

향수를 뜻하는 노스탤지어의 어원은 17세기 스위스 용병들이 장기 원정을 떠났을 때, 고향을 그리워하여 울거나 심장 박동이 빨라지는 등의 증상이 나타난 것에서 유래한다. 노스탤지어 ^{Nostalgia}라는 말은 Nostos(돌아간다)와 Algos(고통)의 결합으로, '괴로워서 돌아가고 싶다'는 부정적인 의미가 있었다. 시간이 흐르고 현대에 이르러서는 '그립고 편안하다'는 긍정적인 의미로도 활용되고 있다.

10대에 자주 들었던 음악이나 레트로 풍의 매장에서 풍기는 향수는 소비자의 감정을 자극하고 상품에 긍정적으로 연결되도록 돕는다. 이러한 전략은 과거의 경험이나 추억을 떠올리게 함으로써 소비자들에게 안정감과 편안함을 전달하여 상품에 대한 긍정적인 경험을 조성하는 데 효과적이다.

연구 결과에 따르면 노스탤지어는 다음과 같은 특징을 가지고 있다고 밝혀졌다.

- 남성이 여성보다 향수에 더 강하게 끌린다.
- 30~50대에 향수에 대한 인식이 높아진다.
- 향수는 반복적인 단순 접촉 효과와 관련 있다.
- 향수에 대한 호의적인 감정은 안정감에서 비롯된다.
- 새로운 음악에 대한 관심은 30세 전후로 정점을 찍고, 그 이후에는 옛 음악을 듣는 비율이 높아진다.

이러한 특징들은 향수 마케팅이나 상품 디자인 등에 활용될 수 있으며, 특히 특정 연령대나 성별에 맞춘 마케팅 전략을 구상하는 데 도움이 된다.

노스탤지어는 크게 두 가지로 나뉜다.

첫 번째는 개인적 노스탤지어로 자신이 겪었던 좋은 경험을 미화하는 것이다.

두 번째는 역사적 노스탤지어로 옛 시절을 이상화하는 것이다. 대표적인 예로 〈올웨이즈 3번가의 석양^{Always 三丁目の夕日}〉이라는 일본 영화가 있다. 일본에서 세대를 초월한 히트작으로 꼽히며, 당시를 경험하지 않은 젊은 세대도 영화를 보면 '아련한 향수'를 느낀다. 그러나 그 시절의 어려움이나 불편함에 대해서는 크게 의식하지 않고, 문화와 인정 등 긍정적인 면에 주목한다. 이는 과거를 좋은 역사나 추억으로 남기고자 하는 욕망에서 비롯된 것으로 해석된다.

사용자들이 노스탤지어를 원하는 이유는 안전하고 편안한 느낌을 바라기 때문이다. 이를 거꾸로 생각해 보면, 사용자가 불안하고 외로운 상황일 때 노스탤지어를 상기시킴으로써 부정적인 감정을 완화할 수 있다는 것을 의미한다. 이러한 원리를 이해하고 마케팅이나 상품 개발 등에 활용하는 것이 중요하다.

활용 방법

활용 1. 부모 세대와 자녀 세대를 연결한다

영화나 TV 프로그램에서는 아이뿐만 아니라 부모도 함께 즐길 수 있도록 궁리한 작품들을 찾을 수 있다. 〈이웃집 토토로〉는 부모 입장에서 보면 그리운 풍경을 시각적으로 즐길 수 있는 애니메이션이며, 〈요괴워치〉는 부모 세대가 어렸을 때 유행했던 개그를 도입했다. 또한 일본 유아 교육 TV 프로그램 〈엄마와 함께^{おかあさんといっしょ}〉에서는 부모 세대의 어린 시절에 활약했던 쟈쟈마루(고양이 소년), 핏코로(펭귄 소년), 포로리(생쥐 소년) 캐릭터가 종종 등장한다. 이처럼 부모에게 향수를 불러일으키는 요소를 추가함으로써 부모와 자녀가 함께 참여할 기회를 제공할 수 있다.

활용 2. 친숙한 요소를 넣는다

닌텐도 게임에는 향수를 불러일으키는 요소가 많다. 예를 들어, 〈마리오 카트〉에서는 패미컴 시대의 〈익사이트 바이크〉 코스를 넣어 옛 팬들을 기쁘게 했다. 또한, 마리오 시리즈 중에서 새로운 조작 방식을 도입한 〈슈퍼 마리오 오디세이〉 게임에도 기존 〈슈퍼 마리오 브라더스〉의 조작 화면을 일부 삽입하고 있다. 앱이나 웹 서비스에서 사용자의 편의성을 높이기 위해 업데이트를 진행할 때가 있다. 그런데 전체를 모두 바꾸면 기존 사용자들은 당황할 수밖에 없다. 이럴 때 기존에 익숙한 요소를 활용하면 사용자들의 불안감을 줄일 수 있다.

활용 3. 무미건조한 부분을 노스탤지어로 보완한다

당시에는 최첨단으로 꼽히던 멋진 제품들도 시간이 지나면 왠지 모르게 정겨운 것으로 인식하게 된다. 이는 향수가 안정감과 평온함에서 비롯되기 때문이다. 만약 자신이 관여하고 있는 상품·서비스가 단조롭게 느껴진다면, 예전에 유행했던 향수를 불러일으키는 요소를 넣음으로써 사용자들과의 거리감을 좁힐 수 있다. 예를 들어 인공지능 기술을 활용하는 서비스는 무미건조한 느낌이 강할 수 있다. 이런 경우에는 사용자들에게 익숙하고 편안한 느낌을 주도록 예전에 유행했던 요소를 가미하여 향수를 불러일으키는 전략을 궁리해 볼 수 있다.

바이어스 5

조건에 따라
선택을 바꾼다

유리할 때와 불리할 때 행동이 달라진다. 기계라면 어떤 조건에서도 냉정하게 판단할 수 있지만, 인간은 그렇지 않다. 안도감보다 불안감이 앞서거나, 지금까지의 경험치에 근거하여, '이번에는 괜찮을 거야'라고 넘겨짚거나, 한방 역전을 노리는 등 그때그때의 상황과 조건에 사로잡히는 경우가 많다.

32 프로스펙트 이론
(손실 회피 사고)

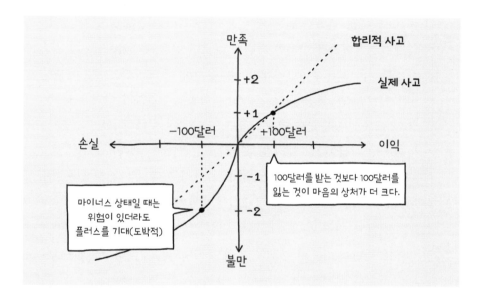

Key Point

- 이득보다 손실을 더 강하게 의식한다.
- 유리할 때는 리스크를 피하고, 불리할 때는 리스크를 감수한다.
- 불안은 사람을 움직이기 쉽지만, 지속되면 불신으로 이어진다.

행동 특징

프로스펙트 이론 Prospect Theory 은 대니얼 카너먼과 아모스 트버스키 Amos Tversky 가 제시한 의사결정론으로, 이익과 손실에 대한 사람들의 인식과 행동 패턴을 설명한다. 사람들은 이익보다 손실에 더 민감하게 반응하며, 확실한 손실보다 불확실한 손실을 회피하려는 경향을 보인다. 이해를 돕기 위한 많은 실험이 진행되었는데, 그중 두 가지를 소개하면 다음과 같다.

첫 번째 실험에서는 참가자들에게 두 가지 선택지를 제시했다. 하나는 100달러를 무조건 받는 것이고, 다른 하나는 동전을 던져 앞면이 나오면 200달러를 받지만 뒷면이 나오면 받을 수 없는 것이다. 두 경우 모두 기댓값은 100달러지만, 100달러를 무조건 받는 경우는 확실성이 있는 반면, 동전을 던지면 50% 확률로 200달러 이익을 얻거나 50% 확률로 아무것도 얻지 못하는 손실 가능성이 존재한다. 참가자의 과반수 이상이 100달러를 무조건 받는 선택을 했다.

두 번째 실험에서도 참가자들에게 두 가지 선택지를 제시했다. 하나는 200달러의 부채가 있는 상태에서 부채가 100달러로 무조건 감소하는 것이고, 다른 하나는 동전을 던져 앞면이 나오면 부채가 모두 없어지고, 뒷면이 나오면 부채가 그대로 유지되는 것이다. 두 경우 모두 평균적으로 100달러의 부채를 기대할 수 있다. 과반수 이상의 실험 참가자들이 첫 번째 실험과 달리, 손실을 극복하기 위해 위험을 감수하는 경향을 보이며 동전 던지기를 선택했다.

이 두 실험을 통해, 사람들은 확실한 손실보다 불확실한 손실을 회피하려는 경향을 보였지만, 동시에 손실을 극복하기 위해 위험을 감수하는 모습도 나타냈다. 이는 사람들이 이익과 손실을 다르게 인식하고 손실을 회피하려는 경향이 강하지만, 상황에 따라 위험을 감수할 수 있다는 것을 보여준다.

여행 상품을 예로 들면, 환불이 불가능하고 가격 변동이 예상되며 품질이 불확실하면 손실 가능성이 높으므로 사용자들은 회피하는 경향이 있다. 또한 내기에서 지고 있는 상황에서는 손실을 극복하기 위해 위험 감수 성향이 증가하여 과열될 가능성이 있다. 이는 손실 회피와 위험 감수의 상호작용을 보여주는 예시이다.

이러한 의식에는 식량이 떨어져서 목숨을 잃게 되는 상황을 피하려는 원시적 생존 본능이 작용하고 있다. 하지만 현대에는 이러한 본능이 나쁜 쪽으로 영향을 미치는 경우가 많다. 예를 들어 사행심을 부추기는 도박 게임이나 불안을 유발하여 상품을 판매하는 마케팅 등에 악용되고 있다. 이런 상황에서는 손실 회피 본능이 판단을 왜곡하고 부정적인 결과를 초래할 수 있다. 불안감을 조장함으로써 단기적으로는 매출 증가로 이어질 수도 있지만, 장기적으로는 브랜드 이미지 훼손으로 이어진다는 것을 명심하자. 상품·서비스 자체가 안심을 전제하지 않는다면 사용자들은 불안감을 피하고자 안심할 수 있는 다른 상품·서비스를 찾아 떠날 수 있다.

도박이나 게임 분야에서 활약하는 프로 바둑 기사, 프로 포커 플레이어, 프로게이머, 프로 스포츠 선수 등에 관한 책을 읽으면 위험과 승부에 대처하는 마음가짐을 배울 수 있다. 그들은 불확실한 상황에서도 안정된 마음가짐을 유지하고 잠재적인 위험을 피하면서 최상의 결과를 끌어내기 위해 노력한다. 그들의 경험과 인사이트를 통해 우리는 손실 회피와 안전한 선택에 대해 많은 것을 배울 수 있다.

활용 방법

활용 1. 감정적 안정감을 제공한다

인터넷 예약 사이트에서 종종 '현재 ○○명이 조회 중', '잔여 ○○석, 서두르세요!'와 같은 정보를 제공하여 고객에게 예약을 서두르도록 유도한다. 이는 위험을 회피하려는 고객의 심리를 자극하여 불안한 마음에 예약하게 만드는 것이다. 이러한 사이트들은 사용자들이 위험을 의식하도록 만들 수 있다. 만약 안정적으로 예약할 수 있는 다른 사이트가 있다면 사용자들은 그쪽으로 이동할 것이다. 잔여 좌석 수는 절대 불변의 정보가 아닐 수 있으므로 장기적으로는 '괜찮습니다', '다른 옵션도 있습니다'와 같은 식으로 사용자들에게 안정감을 주는 것이 브랜드 가치에 더 긍정적으로 작용할 수 있다.

활용 2. 구매자에게 피드백한다

제품을 구매한 후에도 만족스럽지 않을 수 있다. 이는 '더 좋은 것이 있었을지도 모른다'는 불안감 때문이다. 이러한 감정을 방치하면, 사용자는 다른 브랜드로 이동하여 지속적인 관계를 유지하지 못할 수 있다. 따라서 제품을 구매한 사용자에게 즉각적으로 감사의 인사를 전하고, 사용자의 결정에 대한 정당성을 부여하여 확신을 갖도록 해야 한다. 이를 통해 사용자는 불안감을 해소할 수 있다.

활용 3. 과감히 밀어붙여 위험을 감수한다

용기 있는 경영자는 자신을 궁지에 몰아넣고 과감하게 위험을 감수하는 환경을 조성한다. 위기가 없으면 리스크를 감수할 필요가 없으므로 결국 변화에 대응할 수 없게 된다. 이는 사업 전략부터 상품·서비스 기획까지 모두 해당한다. 다수에게 받아들여지는 안전한 선택은 위험을 감수하지 않는 무난한 선택이 되기 쉽다. 변화를 원한다면 때로는 위기의식을 조성하는 것이 효과적이다.

33 언더마이닝 효과
(보상 때문에 동기가 변질된다)

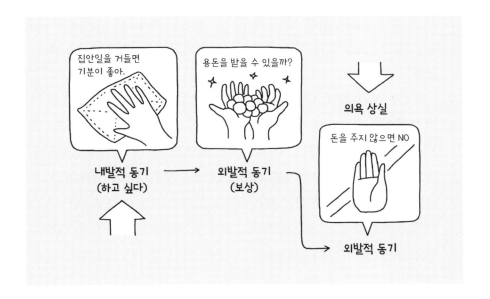

Key Point

- 좋아하는 일에 보상이 더해지면 동기가 외발적으로 전환된다.
- 외발적 동기는 보상이 없으면 지속되지 않는다.
- 내발적 동기는 쉽게 무너지지 않는다.

행동 특징

언더마이닝 효과 Undermining Effect는 '토대를 허물다'는 의미로 보상을 제공하는 것이 내발적 동기를 약화할 수 있다는 개념이다. 예를 들어,

아이가 자발적으로 도운 것에 대한 보상을 주게 되면, 이후에 아이는 도움을 보상의 대상으로 인식하게 될 수 있다. 이전에는 좋아서 자발적으로 하던 일이었지만, 보상이 없어지면 실망하고 점차 그 일을 하지 않게 될 수 있다. 이는 아이의 내발적 동기를 훼손하는 것이다.

동기 부여에는 외발적 요소와 내발적 요소, 두 가지가 영향을 미친다. 외발적 요소는 인센티브를 포함하여 보상을 의미하며, 내발적 요소는 자발적으로 하고 싶은 마음을 의미한다. 문제는 외발적 요소에 있다.

외발적 동기 부여는 세상의 거의 모든 서비스에서 발견된다. 보상이 중단되면 사용자는 즉시 이탈하는 경우가 많다. 예를 들어, QR 결제를 이용하던 사용자가 캐시백이 종료되면서 사용을 중단하는 경우, 자원봉사를 하던 중에 다른 사람은 임금을 받는다는 사실을 알고 허무함을 느끼며 그만두는 사람, 피아노를 치는 것을 좋아했지만 더 이상 칭찬을 받지 못하게 되자 중도 포기하는 사람 등도 이에 해당한다고 볼 수 있다. 피아노의 사례처럼 돈이 아닌 칭찬과 같은 보상도 외발적 동기가 될 수 있다.

보상이 무조건 나쁜 것은 아니다. 보상을 통해 동기를 유지하거나 강화하는 '인핸싱 효과 Enhancing Effect'도 물론 있다. 다만 외발적 동기에서 내발적 동기(좋아서 하는 상태)로의 전환에는 지속적인 보상이 필요하다. 예를 들어, 직원의 급여 인상이나 보너스 등이 이에 해당한다. 보상을 받는 사람은 보상이 계속되는 것을 당연하게 여기게 되어 보상을 중단할 적절한 타이밍을 찾기가 어려울 수 있다.

반면, 내발적 동기는 강력하다. 팬심이 있으면 보상이 없어도 제품이나 브랜드를 추천하고, 어려운 상황에서도 도움을 주는 경우가 많다. 특정 브랜드에 애착이 있는 사용자들은 스펙이나 가격에 구애받지 않고 계속해서 해당 브랜드를 지지하는 경향이 있다. 따라서 제품이나 브랜드에 애정을 가진 사용자들에게는 금전적인 측면보다는 정서적인 측면으로 연결하는 시책이 효과적일 수 있다.

사회복지나 공공정책 분야에서도 외발적 보상보다는 내발적 동기를 부여하는 것이 중요하다. 이를 위해서는 사용자들의 사기가 저하되지 않도록 세심하게 접근하는 디자인 스킬이 필요하다. 이익이 주목적이 아닌 영역에서는 보상보다 감성적인 측면에서의 연결을 강조하는 것이 효과적일 수 있다.

활용 방법

활용 1. 금전적 보상관계를 넘어선다

혜택을 내세워 사용자의 가입을 유도하는 서비스 프로모션이 많다. 가입비 면제, 기간 한정 캐시백, 타사보다 저렴한 가격 등이 그 예이다. 그러나 비즈니스 비용이 발생하기 때문에 금전적 동기 부여로만 서비스 이용을 유도하는 것에는 한계가 있다. 일부 기업은 해지 절차를 번거롭게 만들어 이탈률을 낮추는 정책을 시행하기도 하지만, 이는 브랜드에 대한 애착을 떨어트리는 결과를 초래할 수 있다. 따라서 보상으로 유입된 사용자들에게는 보상 이외의 경험적 가치를 제공해야 한다.

외발적 동기에서 내발적 동기로의 전환을 유도하기 위해서는 사용자에게 사용하는 즐거움, 기대 이상의 편리함, 일상생활에 스며든 인식의 변화 등 정서적 측면으로 연결되는 가치를 제공해야 한다. 이를 통해 사용자들은 보상이 아닌 서비스 자체에 대한 만족과 애착을 느끼게 되어 지속해서 서비스를 이용할 가능성이 높아진다.

활용 2. 칭찬을 자동화한다

일본의 미디어 플랫폼 서비스인 note는 사용자의 활동을 동기 부여하는 시스템을 갖추고 있다. 사용자가 글을 게시하면 '대단해! ○○일째!'와 같은 칭찬 알림이 뜨는 방식으로 활동을 격려한다. 또한, 게시 글에 '좋아요'를 누르기만 해도 칭찬 배지를 받을 수 있다. 이러한 알림은 자동화 서비스이고 사용자들은 이를 알고 있음에도 반가워하고 기분 좋아한다. 이 시스템은 금전적 보상이 아니기 때문에 횟수에 제한이 없고 소진될 우려도 없다. 각 사용자의 활동에 따라 개별적으로 부여되는 장점은 디지털 플랫폼의 특성 때문에 가능한 것이며, 이를 통해 사용자는 꾸준히 칭찬받음으로써 내재적 동기 부여를 끌어낼 수 있다.

활용 3. 호기심에서 기인한 탐구심을 자극한다

내발적 동기를 높이는 가장 확실한 자극은 '호기심'이다. 고전에는 인간의 호기심을 오래 유지하는 방법에 대한 다양한 팁으로 가득하다. 사람들의 내면을 자극하기 위해서는 유행에 좌우되지 않고 시대를 초월한 보편적인 것에 주목하는 것이 효과적이다.

- 공부: '알았다!'는 평생 계속되는 즐거움이다.
- 배움: 배우는 동안 몸과 마음에 스며들어 원리를 깊이 연구하는 심오함이 있다.
- 스포츠: 이치만으로는 충분하지 않다. 완벽한 것은 어디에도 존재하지 않는다.

34 갬블러의 오류
('다음에야말로' 심리)

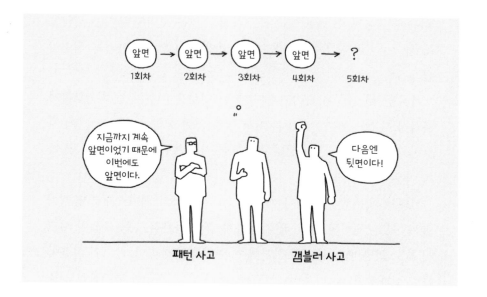

Key Point

- 과거 경험을 바탕으로 미래를 예측한다.
- 짧은 플레이 시간, 성공에 근접한 아슬아슬한 실패, 희귀한 요소
  등이 사행심을 자극한다.
- 사행심에 빠져 돈을 낭비하거나 중독에 빠지는 등의 사회문제
  가 발생할 수 있다.

행동 특징

배팅할 때 '다음번에는 될 것이다'라고 생각하는 사람은 특히 주의해야 한다. 동전을 던졌을 때 네 번 모두 앞면이 나왔다면, 대다수가 '다음에는 뒷면이 나올 것 같다'고 생각한다. 하지만 동전의 경우 양면이 나올 확률은 모두 50%이다. 마찬가지로, 연속적인 실패 후에도 '다음에는 이길 수 있겠지'라고 생각하는 것은 도박에 빠지는 사람들의 사고방식이다. 우리는 과거의 경험에 의미를 부여하려는 경향이 있다.

이러한 '다음번'이 도박과 게임에 큰 영향을 미친다. 문화인류학자 나타샤 다우 슐Natasha Dow Schül의 저서《디자인된 중독Addiction by Design》에 따르면 카지노에서 슬롯머신의 수익률이 가장 높다고 한다. 이는 몇 가지 이유로 설명된다.

첫째, 슬롯머신은 상대가 기계이므로 사용자의 페이스대로 플레이할 수 있고, 경마와 달리 베팅 결과가 즉시 나온다. 1회 플레이 시간이 짧고 회당 베팅 금액이 적어서 지속 가능성이 높다. 게다가 아슬아슬한 실패로 인해 '다음번에는 될 것이다'라는 생각에 사로잡혀 멈출 수 없게 되고, 이는 도박의 매력으로 작용한다. 게다가 슬롯머신은 24시간 운영되므로 일상에 깊숙이 파고든다. 한 번에 승부를 결정하는 것보다 여러 번 배팅할 수 있다는 점이 도박의 수익률에 영향을 미친다.

'다음번에는 될 것 같다'의 대표적 예로 최근 온라인 게임 시장에서 사회적 문제로 대두된 가챠나 랜덤 박스 등의 확률형 아이템을 들 수 있다. 소셜 게임의 비즈니스 모델은 대부분 부분 유료화로 확률형 아이템 제도를 채택하고 있으며, 사용자들은 원하는 아이템을 획득하기 위해 비용을 지급하는 형태이다.

부분 유료화의 매출 계산식은 대략 다음과 같다. 예를 들어서 어떤 게임에 10만 명의 활성 사용자^{active user}가 있고 그중 5%가 평균 2,000원을 결제한다고 가정하면 하루에는 1,000만 원, 연간으로는 36.5억 원의 매출을 기대할 수 있다. 이는 판매가 5만 원짜리 게임 소프트웨어를 7.3만 명이 1년 안에 구매해야 달성할 수 있는 매출이다. 따라서 부분 유료화를 습관적으로 이용하는 사용자를 늘릴수록 매출 효과가 높아진다는 결론에 도달하게 된다.

확률형 아이템의 문제점은 사용자가 과열되어 합리적인 판단을 할 수 없으며 현금 결제가 아니기 때문에 탭 한 번으로 끝없이 '다음번에는 될 것이다'의 유혹에 빠지기 쉽다는 것이다.

1980년대에도 이러한 현상이 일본에서 있었다. 당시 폭발적으로 유행했던 빅쿠리맨 씰 ^{ビックリマンシール}(일본의 제과 회사에서 과자에 동봉하여 판매한 스티커)도 어떤 면에서는 확률형 아이템과 같은 형태로 볼 수 있다. 1988년 8월 일본 공정거래위원회는 다음과 같은 지침을 발표하기에 이른다. 가격 차이를 없앨 것, 씰 종류별 비율을 균일하게 할 것, 특정 씰에 가치를 부여하는 광고를 하지 말 것 등이었다. 이 지침에 따라 희귀한 씰이 사라지고, 고급 소재도 사용하지 않게 되었다. 그 결과, 씰에 대한 열기가 식으면서 자연스럽게 인기가 떨어졌다. 게임 업계든 제과 업계든 '다음번에는 될 것이다'라는 사행심을 과도하게 자극하면 결국 규제로 이어진다.

사용자와 장기적으로 양질의 신뢰 관계를 형성하기 위해서는 '다음번에는 될 것이다'를 적당히 자극할 필요가 있다. 다음의 제안을 참고하여 지나치지 않으면서도 지루하지 않은 방법을 고안해 보자.

- 다음 전개를 살짝 보여준다: 사용자에게 다음 단계나 결과를 예상할 수 있는 정보를 살짝 제공하여 호기심을 유발한다.

- 1회를 짧게 한다: 사용자가 한 번의 시도에서 결과를 빠르게 확인할 수 있도록 짧은 주기로 행동을 유도한다.
- 성공에 근접한 아슬아슬한 실패 정보를 알려준다: 사용자가 실패했지만, 성공에 아주 가까웠던 정보를 제공하여 다음 시도에 대한 기대감을 높인다.
- 언제든지 한 번 더 할 수 있는 환경을 마련한다: 사용자가 언제든지 추가적인 시도를 할 수 있는 환경을 제공하여 지속적인 참여를 유도한다.
- 초기 손실을 적게 한다: 초기에는 사용자의 손실을 최소화하고 중간 지점 이후에 과금을 유도하여 참여를 유지시킨다.
- 희귀한 요소를 섞는다: 가끔 희귀한 아이템이나 경험을 제공하여 사용자의 흥미를 유지하고 예상치 못한 성공을 경험하게 한다.

이러한 방법을 통해 사용자는 '다음번에는 될 것이다'라는 기대감을 안고 즐거운 경험을 할 수 있으며 이는 장기적으로 신뢰 관계를 형성하는 데 도움이 된다.

활용 방법

활용 1. 동기와 보상을 분리한다

사용자의 동기를 보상이 아닌 재미와 즐거움으로 유도하는 방법을 고려해 보자. 예를 들어, 과제 완료 후에 보상을 주는 것이 아니라 공부의 즐거움과 성취감을 강조하여 사용자가 과제를 완료하는 과정 자체에 만족을 느낄 수 있도록 유도한다. 이를 통해 보상에 의존하지 않고도 지속해서 활동할 수 있는 동기를 유지할 수 있다.

활용 2. 때로는 미련 없이 끝낸다

　사용자에게 '아쉽다', '조금만 더'와 같이 아슬아슬한 실패를 알려주는 메시지는 '다음번에는 될 것이다'를 유발하는 요소가 될 수 있다. 따라서 때로는 사용자가 개운하게 끝낼 수 있도록 미련을 주지 않고 GAME OVER를 명확하게 전달하는 것도 필요하다. 마리오 시리즈 같은 어린이 대상 게임 소프트웨어는 특히 이런 배려가 돋보인다. 사용자가 기분 전환할 수 있는 타이밍을 적절히 구사하여 게임 종료를 친절하게 전달하고 다음에는 더 나은 결과를 기대할 수 있도록 돕는다. 이를 통해 사용자와의 건강한 관계를 유지하고 장기적으로 만족도를 높일 수 있다.

35 심리적 리액턴스
(금기에 대한 반발)

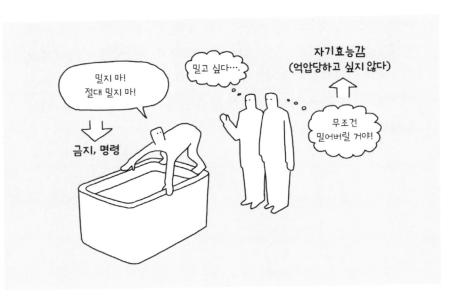

Key Point

- 하지 말라고 하면 더 하고 싶어진다.
- 누구나 자기 일을 스스로 결정하고 싶은 반항심리가 있다.
- 리액턴스를 적절히 다루면 사용자의 욕구를 자극할 수 있다.

행동 특징

"하지 마! 절대로 하지 마!"라는 말을 들으면 더 하고 싶어지는 심리 작용을 '심리적 리액턴스'라고 한다. 리액턴스^{reactance}는 저항하는

152

행동을 의미한다.

살아가면서 때로는 반항하고 저항하고 싶은 충동을 느낄 때가 있다. 관계자 외 출입 금지 구역에 들어가 보고 싶은 욕구, 열면 안 되는 상자를 열어본 경험, 부모님의 지시에 반발한 경험처럼 말이다. 이러한 리액션은 우리 인간의 근본적인 행동 심리로 고대부터 이야기 설정에 종종 등장해 왔다. 금단의 열매를 먹는 구약성서의 아담과 이브, 절대 열지 말라는 상자를 열고 순식간에 늙어 버린 우라시마 타로 이야기, 로미오와 줄리엣 등은 모두 금기를 어기고 만 사람들의 행동에서 이야기가 탄생한다.

실생활에서도 리액턴스 메커니즘을 활용한 사례가 많다. 예를 들어 '1인 2개 한정'과 같이 제한된 상품일수록 사람들은 소유하려는 욕구가 더 강해진다. 또한 '절대 보면 안 된다'는 영화 카피도 리액턴스를 자극하여 많은 사람의 호기심을 자아내곤 한다.

3~5세 어린이를 대상으로 한 장난감 선택 실험에서 금지된 장난감이 가장 큰 인기를 끌었다는 결과가 나왔다. 이는 자기효능감, 즉 자기 일은 자기 스스로 결정하고 싶은 본능에서 비롯된다. 다른 사람으로부터 계속해서 "안 돼!"라는 말을 들으면 자기효능감이 위협받고 심리적인 스트레스를 받게 된다. 이런 상황에서는 명령에 저항하기 위해 의지를 표출하고 반항적인 태도를 보이게 된다. 이는 모든 사람이 선천적으로 가지고 있는 리액턴스의 결과이다. 자신의 자율성을 입증하기 위해 지시와 통제에 반대되는 행동을 취하는 심리적 메커니즘이다.

심리적 리액턴스는 사용자의 자존감에도 영향을 미치기 때문에 지속해서 부정당하면 정신적으로 피곤해지고 결국에는 싫증을 느끼게 된다. 그러므로 무조건 통제하고 금지하기보다는 사용자의 의견을 존중하고 자기효능감을 긍정하는 방향으로 접근하는 것이 중요하다. 사용자의 자율성을 존중하고 긍정적인 방향으로 유도함으로써 심리적 리액턴스를 줄일 수 있다.

활용 방법

활용 1. 가슴에 불을 붙인다

아웃도어 용품을 취급하는 파타고니아는 환경 보호를 중시하는 기업으로 'DON'T BUY THIS JACKET(이 재킷을 사지 마세요)'이라는 광고를 선보였다. 이 광고를 보고 환경 의식이 높은 사람들은 '그럼 이건 사지 말자', '하지만 뭔가 사고 싶다', '환경친화적인 제품이 있다면 사겠다'고 생각했을 것이다. 또 다른 예로 '여자는 대학에 가지 마라'는 고베여학원대학교의 광고가 있다. 반발심을 부추기면서도 여성 수험생들에게 용기를 북돋아 주는 메시지였다. 이처럼 특정한 개인을 대상으로 부정하는 것이 아니라 관습이나 제도 등에 대한 반발심을 자극하는 것은 사람들의 행동을 유도하는 주된 요인이 될 수 있다.

활용 2. 규칙을 위반해도 되는 범위를 파악한다

비즈니스 환경에서는 제약이 따르는 것이 일반적이지만, 때로는 규칙을 어겨야 하는 경우도 있다. 이러한 규칙 위반은 종종 사용자의 시야를 확장하거나 업계의 고정관념을 깨는 해결책으로 이어질 수 있다. 제약을 뛰어넘는 비즈니스는 새로운 투지를 불러일으킨다. 하지만 중요한 점은 반드시 지켜야 하는 규칙도 있다는 것이다. 지금까지의 노력을 무시하거나 기존 사용자의 신뢰를 손상하는 행동은 피해야 한다. 어디까지 규칙을 어기는 것이 적절한지 판단하려면 경험과 지혜가 필요하다. 따라서 의도적으로 규칙을 어길 때는 반드시 신중해야 한다.

활용 3. 업계 부정에서 시작한다

업계 전체에 대한 비판으로부터 시작하는 방법도 있다. 이를 실천한 대표적인 인물이 스티브 잡스이다. 그의 프레젠테이션을 되돌아보면, Windows를 비판하거나 블랙베리, 넷북 등을 부정적으로 언급하는 발언이 많았다. 이러한 발언을 들은 사람들은 "그렇다면 당신은 무엇을 해줄 수 있는데?"라는 의문과 함께 심리적 리액턴스가 높아졌을 것이다. 그는 이러한 기대에 부응하며 간결하고 명확한 해결책을 제품과 서비스로 제시했다. 이러한 방식은 매우 효과적이다. 이야기를 전개할 때는 업계 관계자들이 동조할 수밖에 없는 지점에 주목하여 심리적 리액턴스를 조성하는 것이 중요하다.

바이어스 6

틀 안에서
이해한다

우리는 누구나 색안경을 끼고 살아간다. 여기에서 색안경은 우리의 편견과 선입견을 의미한다. 예를 들어, 서로 다른 시대와 환경에서 성장한 두 사람은 동일한 사물을 보더라도 그것에 대해 전혀 다른 관점과 인식을 가질 수 있다. 정보 전달 방식과 시각적 표현을 조정함으로써 우리는 편견과 선입견을 교정하거나 강화할 수 있다.

36 플라시보 효과
(마음먹기 나름이다)

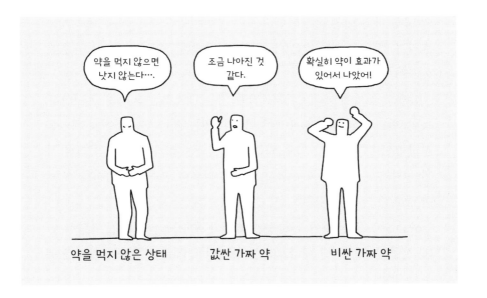

Key Point

- 진짜라고 믿으면 가짜라도 효과가 나타날 수 있다.
- 더 비싸고 희귀한 것일수록 효과가 더 크다고 인식한다.
- 불확실한 상황에서 자세한 설명을 들으면 믿음을 가지게 된다.

행동 특징

'플라시보 효과^{placebo effect}'는 효과가 없는 약이나 치료를 받았음에도 실제로 증상이 개선되는 현상을 말한다. 플라시보의 어원은 라틴어로

'사람을 기쁘게 하다'라는 뜻을 가지고 있다. 19세기, 의학계에서 류마티스열은 자연적으로 치유될 수 있다고 믿어졌지만, 환자들은 이를 납득하지 못했다. 때문에 의사들은 효과는 없지만 해롭지도 않은 위약을 처방했다. 이후 1960년대에는 위약을 투여했음에도 증상이 개선되는 결과가 관찰되었고, 1970년대에는 실제 효능보다 약 이름이 증상 개선에 영향을 미친다는 결과가 나왔다. 이이 따라 플라시보 효과가 입증되었다. '병은 마음먹기에 달렸다', '엄마 손은 약손' 등은 플라시보 효과를 표현하고 있다고 볼 수 있다.

실제로 질병에 효과가 없는 가짜 약을 제조하는 회사가 존재한다. 특히, 반드시 약물을 복용해야 한다고 믿는 치매 환자들에게 위약을 처방함으로써 과도한 약물 의존을 방지하는 효과가 있다. 이러한 사업은 환자의 건강 회복을 돕고 국가의 의료비 절감에도 기여할 수 있어 중요한 의의를 지닌다.

사람들은 종종 비싼 약일수록 효과가 높다고 가정하는 경향이 있다. 행동경제학자 댄 애리얼리는 2008년에 이를 연구하여 이그 노벨상을 받았다. 예를 들어, 건강 음료는 1,000원부터 10,000원이 넘는 것까지 다양하다. 이러한 가격 차이는 '비싼 제품일수록 효과가 높을 것이다'라는 생각을 유발하고 결과적으로 고가의 제품을 선택하는 사람도 적지 않다. 이는 실제 효능과는 무관하게 사용자의 심리에 따라 행동이 변할 수 있음을 보여주는 사례로 볼 수 있다.

사람들은 보상받은 기분이 들 때도 효과가 좋다고 생각한다. 또한, 납득할 만한 인과관계나 이론이 있는 제품, 유명인의 추천, 비하인드 스토리, 역사와 일화가 있는 장소나 건물 등은 대단하고 우수하다고 가정하는 경향이 있다. 이렇게 믿을 만한 혹은 믿고 싶은 정보가 더해지면 더욱 강력한 플라시보 효과가 발휘된다.

플라시보 효과의 원리에는 불확실한 것을 싫어하는 심리가 작용한다. 즉, 우리는 정보가 충분하지 않거나 어떻게 대응해야 할지 모를 때 두려움을 느끼고 스트레스를 받는다. 반면, 설명이 가능한 것에 대해서는 안심하고 편하게 접근하며 효과가 있을 거라고 믿는다.

따라서 새로운 상품·서비스에 대해서 사용자가 납득할 수 있는 수준으로 명확한 설명을 제공하면 효과의 진위를 의심하지 않고 선택하도록 행동을 유도할 수 있다. 이는 플라시보 효과를 활용하여 사용자 선택에 영향을 미치는 한 가지 전략이 된다.

활용 방법

활용 1. 개발 비하인드 스토리를 알린다

일본 초등학생들에게 인기 있는 스테디셀러 운동화 'SYUNSOKU'는 개발 배경 스토리가 큰 효과를 발휘했다. 이 운동화를 개발한 아킬레스 주식회사 직원들은 운동회가 열리는 학교 현장을 관찰하던 중에 육상 트랙 코너링에서 넘어지는 아이들이 많다는 것을 발견했다. 이를 바탕으로 운동화 좌우 밑창에 비대칭 스파이크를 배치하여 넘어지지 않고 코너를 빨리 돌 수 있는 아이디어를 고안했고 상품화했다. 이 스토리는 과학적으로 정말 효과가 있는지를 떠나 '저 운동화를 신으면 넘어지지 않고 빨리 달릴 수 있다!'라는 기대 심리를 유발하며 초등학생들의 마음을 사로잡았다. 이는 효과에 대한 믿음을 높여 큰 판촉 효과를 발휘한 사례이다.

활용 2. 소원 성취를 기원하는 마음을 공략한다

종교에서도 볼 수 있는 소원 성취 요소에 의한 효과이다. 일본에서는 'KitKat'이 수험생들의 합격을 기원할 때 먹는 대표적인 간식으로

알려져 있다. 이러한 관습은 우체국과의 협업을 통해 수험생에게 배송되는 등 오랫동안 이어져 왔다. 'KitKat'은 어떤 이유로 합격 기원 간식이 된 것일까? 후쿠오카 방언으로 '킷토캇토오^{きっと勝っとお}'는 '반드시 이기고 오라'는 의미이다. 이 말이 'KitKat' 초콜릿 이름에서 연상되는 까닭에 후쿠오카 슈퍼를 중심으로 수험생의 부모나 지인들이 대량으로 구매하기 시작했고 일본 전역에 퍼지면서 합격 기원 대표 간식이 되었다. 초콜릿 자체에는 소원 성취 효과가 없지만, 다른 과자를 받는 것보다는 용기를 북돋아 주는 효과가 있는 것으로 여겨진다. 소원 성취 효과의 진위를 떠나 손해 될 것은 없으니, 플라시보 효과를 불어넣을 수 있다면 고려해 볼 만하다.

활용 3. 보상 효과를 강화하는 요소를 넣는다

권위, 희소성, 높은 가격은 보상 효과를 강화하는 요소로 작용할 수 있다. 예를 들어, 평균 1년 정도로 대기 기간이 긴 고급 매장을 예약했다고 상상해 보자. 방문 전날은 최고의 만족을 기대하며 마음의 준비를 할 것이다. 당일 현장에서는 냉정한 분석이나 평가를 하기가 어렵다. 고급스럽고 쉽게 접할 수 없다는 이유로 어쨌든 의식적으로 장점을 찾기 마련이다. 사용자는 보상 효과를 충족하고 싶은 마음 때문에 자신의 감정을 어느 정도 속여서라도 모든 것을 긍정적인 방향으로 생각하게 된다.

37 라운드 넘버 효과
(대략적인 분류 사고)

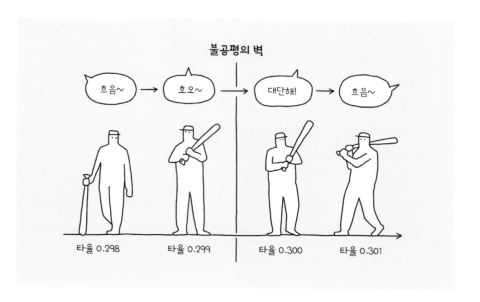

Key Point

- 라운드 넘버와 소수점 숫자 사이에는 큰 차이가 느껴진다.
- 0으로 끝나는 숫자는 깔끔하고 강력한 느낌을 준다.
- 라운드 넘버는 완성된 상태를 상징하며 가까워지고 싶게 한다.

행동 특징

   라운드 넘버 Round number는 곱하기, 나누기 등의 연산이 쉽게 가능하며, 특히 0으로 끝나는 숫자를 의미한다. 이는 완벽에 가까운 강력한 인상을 주는 경향이 있다. 금융 경제학자인 토비아스 제이콥 모스코비츠 Tobias Moskowitz와 스포츠 저널리스트이자 작가인 L. 존 베르트하임 L. Jon Wertheim의 공동 저서 《스코어캐스팅: 스포츠 경기와 게임 승패에 숨겨진 영향력 Scorecasting: The Hidden Influences Behind How Sports Are Played and Games Are Won》에는 스포츠와 숫자를 주제로 한 구체적인 사례가 등장한다.

야구에서 타율 0.299와 0.300의 차이는 한 해 시즌 동안 안타 한 두 개 정도의 차이이다. 그런데도 야구를 관전하는 사람들은 2할대와 3할대 타자로 판단하는 경향이 있다. 미국 메이저리그에서 0.300과 0.299의 선수 연봉은 무려 13만 달러가 차이 나는 것으로 계산되었다. 비즈니스 관점에서 보면 0.300보다 0.299 타자를 팀에 영입하는 것이 더 현명한 경영이라고 볼 수 있다.

100m 육상 경기 기록이 9.9초 대일 때와 9.8초 대일 때의 주목도는 다르다. 시험 결과를 부모님께 보여드릴 때도 88점이면 아쉬운 반응을 보이고, 90점이면 칭찬을 받는다. 체온도 37.0℃, 37.5℃처럼 어림수를 기준으로 몸 상태를 판단하는 경향이 있다. 이처럼 라운드 넘버에는 불공평의 벽이 존재한다. 직관적이고 주목받기 쉽다는 긍정적인 면이 있지만, 그 숫자가 가진 가치를 충분히 전달하지 못한다는 부정적인 면이 있다.

이런 숫자를 다루는 사례는 비즈니스 현장에서 많이 볼 수 있다. 10,000원보다 9,800원, 9,990원으로 살짝 낮게 책정하여 저렴하게 느끼게 하는 것은 상투적인 가격 책정 방식이다. 반대로 SD 메모리 카드 패키지에는 16GB, 32GB 등 깔끔한 숫자로 표기하지만, 실제 용량은 그보다 약간 작다. 그 외에도 견적을 낼 때 소수점 이하를 잘라내어 가격을 조정하는 경우가 있는데, 대체로 그 수치에 대한 근거는 없다. 소수점을 뺀 숫자가 보고 체계에서 편하다는 이유도 있다.

다시 스포츠로 돌아와서, 라운드 넘버 지표는 선수 본인의 공격과 수비의 태도에도 큰 영향을 미친다. 시즌 막바지에 3할을 조금 넘긴 타자는 2할대로 떨어지기 싫어서 포볼을 선택하려고 한다. 반면 3할 미만의 타자는 과감하게 안타를 노리고, 주변으로부터도 "어떻게든 3할의 벽을 넘기길 바란다!"라며 협조와 응원을 받는다. 따라서 라운드 넘버보다 조금 낮은 수치로 설정해 두면 공격 의욕을 높일 수 있다.

활용 방법

활용 1. 타율보다 안타 수로 설정한다

타율은 비율이기 때문에 수치가 오르내린다. 바이어스 5에서 소개한 프로스펙트 이론에 따르면 사람은 손실을 피하려고 하므로 하락할 위험이 있으면 '3할 이하로 떨어지고 싶지 않다'는 보수적인 사고가 작용한다. 스즈키 이치로 선수는 타율이 아닌 안타 수를 지표로 삼았다. 타수는 줄어들지 않기 때문이다. 숫자가 계속 증가하므로 '조금만 더 하면 200안타를 달성할 수 있다'며 긍정적으로 숫자를 의식할 수 있다. 노력하면 도달할 수 있을 것 같은 적당한 수치 설정은 사용자에게 긍정적인 동기 부여가 된다.

활용 2. 유명한 법칙에 적용한다

'15.8%의 사용자'라고 숫자만 설명하면 청중은 잘 이해하지 못할 것이다. 반면 '약 13.5%의 사용자가 조기 수용자에 해당한다'고 말하면 그 수치에 대한 의미 부여가 커지는 효과가 있다. 증명된 이론이나 법칙의 숫자는 설득력이 있다. 수치가 매력적이지 않다면 알기 쉬운 이론에 숫자를 어떻게 적용할 수 있는지 궁리해 보는 것이 좋다.

- 80 : 20 파레토의 법칙 Pareto Principle: 80%의 결과는 20%의 원인에 의해 발생한다.
- 1 : 29 : 300 하인리히의 법칙 Heinrich's Law: 1건의 대형 사고가 일어나기 전에 29건의 작은 사고가 발생하고, 300건의 사소한 징후들이 나타난다.
- 2.5% : 13.5% : 34.0% : 34.0% : 16.0% 혁신가 이론 Innovator's Dilemma Theory: 혁신이 일어날 때, 사용자의 비율은 2.5%의 혁신자, 13.5%의 조기 수용자, 34.0%의 조기 다수자, 34.0%의 후기 다수자, 그리고 16.0%의 지각 수용자로 나뉜다.

활용 3. 한데 어림잡아 감춘다

너무 세밀하게 수치를 표현하면 이해하기 어려울 뿐만 아니라 모수가 적다는 것을 간파당할 수 있다. 따라서 '87.5%가 호의적이었다'와 같은 세밀한 수치보다는 '80% 이상이 호의적이었다'와 같이 어림한 라운드 넘버로 전달하는 것이 더 인상적일 수 있다.

활용 4. 누적 숫자로 깊은 인상을 남긴다

세부 정보가 포함된 숫자는 과정과 노력에 대한 이해를 높여줄 뿐만 아니라, 메시지를 더욱 강력하게 전달하는 데 도움이 된다. 제임스 다이슨이 5,127대의 프로토타입을 만들었다고 말했을 때, 그의 노력과 헌신을 상상할 수 있었다. 만약 라운드 넘버로 5,000대라고 말했다면 그가 실제 겪은 시행착오와 노력이 충분히 와닿지 않았을 것이다. 과정에 대한 이해를 높이고 깊은 인상을 남기고 싶다면 끝자리 숫자까지 정확하게 표현하는 것이 좋다.

38 선택의 역설
(선택지가 많을수록 어렵다)

Key Point

- 선택지가 너무 많으면 결정하기 어렵다.
- 선택 여부는 문화나 개인의 가치관에 따라 다를 수 있다.
- 때로는 선택하지 않는 것이 더 나은 경우도 있다.

행동 특징

인생은 선택의 연속이다. 보통은 '선택지가 풍부할수록 좋다'고 생각하는 경향이 있지만, 모든 경우에 반드시 그런 것은 아니다. 사회심리학자 쉬나 아이엔거 Sheena Iyengar의 저서 《선택의 심리학》에서는 선택에 관한 세 가지 특징을 제시한다.

첫 번째는 너무 많으면 선택할 수 없다. 쉬나 아이엔거는 많은 선택지가 제공될 때 사람들이 결정을 내리기 어려워하고 때로는 결정을 내리지 못하는 경향이 있다고 말한다. 그녀는 이를 입증하기 위해 '잼 실험'을 진행했다. 이 실험에서는 마트 진열대에 24종류의 잼을 나열한 경우와 6종류만 나열한 경우의 매출을 비교했는데, 6종류의 잼을 진열한 경우가 더 높은 매출을 기록했다. 사용자는 선택지가 너무 많으면 갈팡질팡 헤매며 결정을 내리기 어려워하다가 결국 선택을 포기하는 경향이 있다. 이에 따라 선택지를 제한하는 것이 더 효과적일 수 있다.

두 번째는 개인주의와 집단주의의 차이이다. 서양 문화권에서는 개인의 자유와 주체성을 중요시하는 경향이 있어 선택의 기회가 많을수록 만족도가 높아진다. 반면 개인의 선택보다 공동체의 이익을 중시하는 동양 문화권에서는 선택에 따르는 책임감이 커질수록 불안과 후회를 유발할 수 있다는 면에서 선택의 기회가 많을수록 만족도가 낮아지는 경향이 있다. 실제로 '업무 의욕과 선택의 자유도'에 관해 조사한 결과, 동양 문화권에서는 선택권이 상사에게 있다고 인식했을 때 의욕, 만족도, 성과 부문에서 높은 점수가 나왔다. 반면, 서양 문화권에서는 자신이 선택할 권리가 있을 때, 더 높은 점수를 보였다. 따라서 모든 사람이 선택의 기회가 많을수록 만족도가 높아지는 것은 아니며, 선택의 기회를 제한했을 때 더 높은 만족감을 느끼는 사람도 있음을 알 수 있다.

세 번째는 선택에는 고통이 수반될 수 있다. 생존 확률이 50%인 상황에서 수술을 결정해야 할 때, 선택 그 자체가 후회와 죄책감을 유발하기도 한다. 때로는 이러한 고통을 피하고자 선택하지 않는 것이 더 나을 수도 있다. 긍정적인 선택을 할 때는 자신의 선택으로 삶을 긍정적으로 변화시킬 수 있지만, 부정적인 선택을 할 때는 다른 사람에게 선택을 맡김으로써 과도한 책임감을 피할 수 있다. 선택하지 않는 선택도 때로는 필요하다.

선택의 폭이 넓다고 해서 행복해지는 것은 아니다. 좋은 대학에 들어가면 미래에 대해 더 많은 선택권이 주어지지만, 그렇다고 해서 반드시 좋은 결과로 이어지는 것은 아니다. 선택지를 어떻게 받아들이느냐에 따라 긍정적으로도 부정적으로도 작용할 수 있다. 제한된 선택지 내에서도 최선을 다하겠다는 각오를 다질 수 있다면 더 나은 결과를 얻을 수도 있다. 상품·서비스에서는 사용자가 속한 문화와 상황을 이해하고 적절한 선택지를 제공하는 것이 중요하다.

활용 방법

활용 1. 고민하는 상황을 즐긴다

상품·서비스를 제안할 때, 의도적으로 다양한 선택의 가능성을 펼쳐놓고 "고민해 보시겠어요?"라고 제안하는 것이 효과적인 경우도 있다. 사용자는 그 자리에서 즉시 결정하고 싶을 수도 있고, 가능성을 탐색하고 싶을 수도 있다. 예를 들어, 유니클로는 구매하지 않더라도 쇼핑의 즐거움을 느낄 수 있도록 다양한 컬러의 선택지를 제공했다. 결정이 어려울 때는 우선 여러 선택지를 즐기게 하면서도 사용자가 최종 결정을 내릴 때까지 도움을 제공하는 것이 중요하다.

활용 2. 제약으로 질을 높인다

엄격한 토지 제약을 역이용한 독특한 건축 설계, 지면과 인쇄 규격

내에 펼쳐지는 만화 작품 등 수많은 창작 활동이 제약 속에서 탄생하고 있다. 아이디어가 떠오르지 않을 때는 이처럼 과감히 자신에게 제약을 가하는 것도 하나의 방법이다. 사용자로서도 제약이 반가운 장면이 있다. 예를 들어, 영화관에서는 다른 일을 할 수 없으므로 콘텐츠에 집중할 수 있다. 특정 용도에 국한된 매장은 충성도 높은 팬을 확보하는 데 효과적이다. 이런 방식으로 선택의 폭을 제한함으로써 제공하는 가치의 질에 집중할 수 있다.

활용 3. 의도적으로 선택지를 추가한다

고통을 느끼게 하는 선택지를 추가함으로써 효과를 높이는 방법도 있다. 'RE Think'는 미국에서 당시 14세 학생이 만든 앱이다. 인터넷에 비방 댓글을 달려고 하면 "이 댓글은 누군가에게 상처를 줄 수 있습니다. 그래도 게시하시겠습니까?"라는 팝업이 뜨고 '예' 또는 '아니오'를 선택해야 한다. 테스트 결과, 이 메시지로 인해 비방글이 93% 감소했다. 의도적으로 선택지를 끼워 넣음으로써 사용자를 단념시킬 수 있다.

39 앵커링과 프라이밍
(순서가 중요하다)

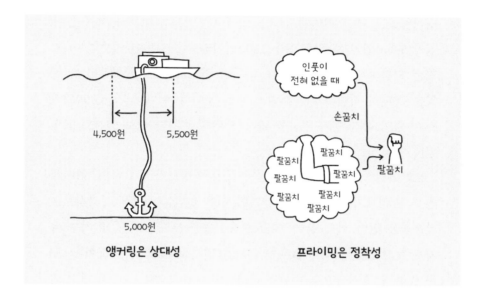

앵커링은 상대성 프라이밍은 정착성

Key Point

- 먼저 받은 정보에 큰 영향을 받는 경향이 있다.
- 앵커링은 '상대성'으로 숫자에 많이 사용된다.
- 프라이밍은 '정착성'으로 언어에 많이 사용된다.

행동 특징

컴퓨터와 인간의 기억 방식은 차이가 있다. 컴퓨터는 10초 전이든 10년 전이든 시간에 구애받지 않고 이전에 저장된 정보를 똑같이 불러올 수 있지만, 인간은 시간에 따라 기억의 정확성과 세부 내용이 달라진다. 그러나 인간은 연관된 것을 떠올리는 데는 능숙하다. 인간의 기억에는 '앵커링'과 '프라이밍'이라는 개념이 영향을 미친다.

앵커링 Anchoring 은 닻이 바다 밑바닥에 내려 놓여 배가 떠내려가지 않게 하는 것처럼, 우리 마음속에 인상 깊게 남은 기억은 무의식적으로 앵커링을 하고 그 기억에서 크게 벗어나지 않도록 만든다. 예를 들어, 정가 5,000원인 제품에 특가 2,800원이라고 표시되어 있으면 이 가격은 저렴하게 느껴질 것이다. 하지만 정가가 3,000원이라면 2,800원은 그다지 저렴하게 느껴지지 않을 것이다. 이때 정가 5,000원과 3,000원이 각각 앵커 역할을 한다. 앵커링 효과는 주로 숫자로 표현된다.

프라이밍 Priming 의 경우에는 먼저 들어온 정보가 중요하다. 이전에 인풋 된 정보가 강한 인상을 남기면, 다음에 받는 정보에 즉각적으로 반응하게 된다. 예를 들어, 맛있는 음식들을 본 후, 'S○○P'라는 글자를 보면 많은 사람이 SOUP을 가장 먼저 떠올린다. '팔꿈치'를 10번 말한 후 손가락으로 손목을 가리키면 순간적으로 '손꿈치'라고 외치게 되는 게임도 마찬가지다. 프라이밍 효과는 주로 언어나 이미지에 사용된다.

앵커링과 프라이밍은 비슷해 보일 수 있지만, 앵커링은 '상대성', 즉 내린 앵커의 기준치에 대한 변동 폭을 의미한다. 반면 프라이밍은 이미지나 정보가 박혀서 떨어지지 않는 '정착성'을 의미한다.

컴퓨터는 두 정보가 얼마나 비슷한지에 상관없이 별개의 정보로 인식하지만, 인간은 두 정보 사이의 연관성을 찾거나 스토리를 부여하려고 한다. 이러한 특성 때문에 인간은 착각도 하지만, 때로는 분석적 사고로는 생각해 내지 못할 새로운 아이디어를 창출하기도 한다.

앵커링과 프라이밍은 기억의 순서와 밀접한 관련이 있다. 순서에 따라 가치가 배로 높아지기도 하고 낮아지기도 한다. 같은 정보라도 순서를 바꾸거나 비중을 달리하면 의미와 전달 방식이 달라진다. 배치 순서에 주의를 기울이면 사용자에게 보이는 정보의 효과를 최대화할 수 있다.

활용 방법

활용 1. 순서를 바꾼다

요금 체계를 '고가 → 저가 → 중가' 순으로 표시하면 '저가'가 더 돋보이게 된다. 이처럼 순서에 따른 효과는 가격에만 국한되지 않는다. 부정적인 정보 뒤에 긍정적인 정보를 제시하면, 그 긍정적인 정보가 탁월하지 않아도 매력적으로 느껴질 수 있다. 전단지에서는 '정가 → 특가'를 표시하는 것이 일반적이지만, 웹사이트나 음성 미디어처럼 정보가 스토리로 전달되는 매체에서는 시간과 순서의 관계를 효과적으로 디자인하여 사용자의 인식을 조작할 수 있다.

활용 2. 캐치프레이즈로 심어준다

비즈니스 제안은 결론을 먼저 말하는 것이 중요하다는 것은 사실이다. 하지만 결론을 모두 말하고 나면, 이후 이야기의 흥미와 깊이가 떨어지는 경우가 있다. 따라서 결론 대신 사용자에게 질문을 던지는 듯한 캐치프레이즈로 주제를 심어주는 것은 프라이밍 효과를 이용한 훌륭한 전달 방법이다. 이러한 방식을 통해 메시지를 전달하되 결론을 말하지 않고 상대방의 사고를 자극함으로써 프라이밍을 심어주고 발신자가 의도한 방향으로 이끌어갈 수 있다.

활용 3. 전략적으로 논점을 좁힌다

앵커링과 프라이밍은 콘셉트를 전달하는 데 중요한 역할을 한다. 콘셉트는 '논점 설정'을 의미하며 이를 효과적으로 전달하기 위해 앵커링과 프라이밍이 활용된다. 논점을 테이블에 올리는 단계에서는 프라이밍을 활용하여 상대방의 사고를 자극하고 주제에 대한 관심을 유도한다. 이렇게 상대방의 관심을 끈 후, 구체적 제안 단계에서는 앵커링을 활용하여 최초 안을 제시함으로써 상대방의 기준을 설정한다. 이후 다양한 안을 소개하면서 검토 범위를 좁힌다. 기획이나 디자인을 제안할 때 이러한 흐름으로 전략을 짜면 상대방과의 의사소통을 원활히 하고 성공 확률을 높일 수 있다.

40 프레이밍 효과
(표현 방법에 따라 인상이 바뀐다)

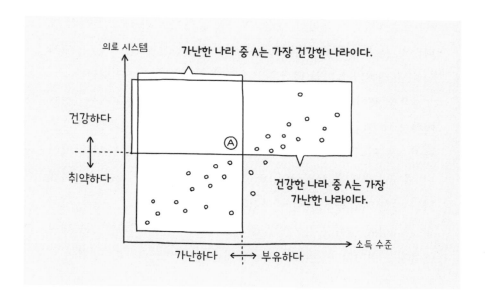

의료 시스템

가난한 나라 중 A는 가장 건강한 나라이다.

건강하다

취약하다

건강한 나라 중 A는 가장
가난한 나라이다.

가난하다 ←→ 부유하다

소득 수준

Key Point

- 같은 내용이라도 편집 방법에 따라 인상이 달라진다.
- 정보가 긍정적으로 전달되면 행동으로 이어질 확률이 높다.
- 정보를 왜곡하거나 억지로 인상을 조작하면 불신으로 이어진다.

행동 특징

프레이밍 효과 Framing Effect 는 같은 내용이라도 전달하는 방식에 따라 인상이 크게 달라지는 현상을 말한다. 어떤 정보를 어떤 관점에서 보여주느냐에 따라 사람들의 판단이나 의사결정에 영향을 미친다. 한스 로슬링 Hans Rosling(외 올라 로슬링, 안나 로슬링 뢴룬드 공저)의 저서 《팩트풀니스》는 프레이밍과 관련된 내용을 다루고 있다. 예를 들어, 어떤 나라가 '가난한 나라 중 가장 건강한 나라'인지, '건강한 나라 중 가장 가난한 나라'인지는 선을 어떻게 긋느냐에 따라 전달 방식이 180도 달라진다. '가난한 나라 중 가장 건강한 나라'라고 말하면 그 나라의 건강 상태가 상대적으로 우수하다는 인상을 줄 수 있다. 쉽게 말해, 프레이밍 효과의 핵심은 긍정적인 측면을 강조하는 것이다.

같은 내용이라도 숫자의 기점을 어디로 잡느냐에 따라 의사결정에 영향을 미친다. 의료인을 대상으로 한 연구에서 "수술 1개월 후 생존율이 90%입니다."라고 말했을 때 80%가 수술하겠다고 답했다. 그러나 "수술 1개월 후 사망률이 10%입니다."라고 말했을 때는 수술하겠다고 답한 사람은 50%에 불과했다. 생존율을 강조하면 수술을 고려할 가능성이 높아지고, 사망률을 강조하면 수술을 기피할 가능성이 높아지는 것이다. 이 밖에도 학생들에게 "지난번보다 시험 성적이 오르면 50,000원을 주겠다."라고 말하면 기뻐하지만, "지금 50,000원을 주되, 지난번보다 성적이 떨어지면 돌려받겠다."라고 말하면 반응이 좋지 않았다.

프레이밍 효과는 같은 사실에 대해서도 표현 방식을 달리하여 인상을 바꿀 수 있다. 그 때문에 자의적으로 사용하거나 악용할 가능성도 있다. 인상을 조작하기 위해 자의적으로 왜곡한 해석이나 부적합한 자료를 자막이나 자료로 제시하는 영상을 볼 때가 종종 있다. 비즈니스 자료에서도 허구 또는 잘못된 정보를 사용하여 객관성을 왜곡하는 경우가 있다. 이러한 행위가 드러나면 상대방에게 불신감을 심어주게 되고 불화를 일으킬 수 있다.

프레이밍 효과는 사용자가 사물을 긍정적으로 바라볼 수 있도록 활용되어야 한다. 예를 들어, 일본의 맨션 분양 전단지에 등장하는 '숲에 살다', '저택을 꿈꾼다'와 같은 캐치프레이즈를 '맨션 포엠'이라고 하는데, 이는 긍정적인 측면을 강조하여 소비자의 관심을 끌고 매매 행동을 유도하는 목적으로 활용된다. 또한 입주 시기가 다가온 건물의 전단지에 '그랜드 피날레'와 같은 문구를 사용하는 것도 프레이밍 효과를 활용한 예시이다. 공실 분양이라는 목적을 긍정적인 카피로 대체함으로써 '지금이 살 때'라고 생각하게 만드는 효과가 있다.

컵에 물이 반밖에 남지 않았느냐, 컵에 물이 아직 반이나 남았느냐는 표현도 자주 쓰이는 비유 중 하나이다. 긍정적으로 바라봄으로써 사회가 좋은 방향으로 나아갈 수 있도록 프레이밍 효과를 활용하는 방안을 고려해 보자. 이를 통해 긍정적인 사고를 유도하고 긍정적인 행동을 촉진할 수 있다.

활용 방법

활용 1. 수량으로 전달한다

비율로 표현하면 구체적인 규모를 파악하기 힘들 수 있다. 예를 들어, 아파트 분양 광고에서 '3/4 신청 완료', 혹은 '공실 25%'라고 하면 남은 물량을 정확히 알 수 없으므로 아직은 급하지 않다고 여기게 될 수 있다. 그런데 '잔여 물량 5개'라고 써 있다면 어떨까? 지금 매매 타이밍을 놓치면 앞으로 구하기 힘들다는 '거의 남지 않았다'는 프레이밍이 작용한다. 구체적인 숫자로 말하는 방식은 숙박이나 좌석 예약 등에서도 볼 수 있는데, 바이어스 5에서 소개한 손실을 피하고 싶은 프로스펙트 이론과 밀접한 관련이 있다. 이러한 방식은 사용자의 불안감을 조성하여 빠르고 효과적인 행동을 유도하는 데 도움이 될 수 있다.

활용 2. 단위를 적절히 바꾼다

숫자 표기 방식은 사람들의 인식에 큰 영향을 줄 수 있다. '1,000mg 함유'를 1g 함유로 바꾸어 표기하면 함유량이 확연히 적게 느껴진다. 비슷하게 1억 원이라고 적는 것보다 100,000,000원이라고 적는 것이 더 큰 금액처럼 느껴질 수 있다. 이런 방식은 강조하고 싶거나 크게 보이고 싶을 때 효과적이며, 반대로 작게 보이고 싶을 때는 큰 단위를 사용하는 것이 도움이 된다. 이러한 표기 방식은 상황에 따라 인식을 조정하여 원하는 메시지를 전달하는 데 유용하게 활용되고 있다.

활용 3. 숫자를 꾸민다

숫자는 보통 객관적인 정보를 제공하지만, 숫자 자체만으로는 그 숫자가 가지는 의미나 가치를 충분히 전달하지 못할 때가 있다. 이런 경우에는 숫자를 강조하거나 그 숫자가 의미하는 바를 명확히 전달할 수 있는 부가적인 표현이 필요하다. 예를 들어, '단 2일 만에'는 시간이 짧다는 점을 강조하여 긍정적인 인상을 줄 수 있다. 반면에 같은 2일이라도 '무려 2일이나'는 시간이 길다는 점을 강조하여 부정적인 인상을 줄 수 있다. 이처럼 숫자의 가치를 강조하고자 할 때는 표현의 맥락과 사용자의 인식을 고려하여 부가적인 표현을 더해보자. 그럼 의도한 메시지를 더욱 명확하고 효과적으로 전달할 수 있다.

바이어스 7

감정에 따라
반응한다

심지어 성인이라 할지라도 감정을 완전히 배제하고 행동하기는 어렵다. 특히 좋아하거나 편하다는 본능적인 감정은 행동을 일으키는 결정적인 요인이 된다. 감정은 사용자가 상품·서비스를 바라보는 시각을 크게 변화시키고, 구매에 큰 영향을 미친다. 사용자가 긍정적인 감정을 느끼면 상품·서비스를 호의적으로 바라보게 되고 결과적으로 구매나 이용이 더욱 활발해진다. 사용자들의 감정을 의식하고 관찰하다 보면 행동을 취하도록 유도하는 숨겨진 힌트를 발견할 수 있을 것이다.

41 호감
(좋으면 수용한다)

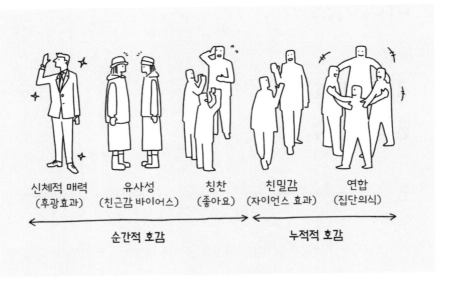

신체적 매력　유사성　칭찬　친밀감　연합
(후광효과)　(친근감 바이어스)　(좋아요)　(자이언스 효과)　(집단의식)

순간적 호감　　　　　누적적 호감

Key Point

- 좋아하면 수용하기 쉽다.
- 순간적 호감과 누적적 호감이 있다.
- 상품·서비스에 대한 호불호는 사람에 대한 인상과 비슷하다.

행동 특징

상대방에 대한 호감이 있으면 내용에 상관없이 요청을 수락할 가능성이 높아진다. 외모나 말투가 매력적인 사람은 더 쉽게 수용되는 경향이 있다. 대중의 호감도가 높은 연예인을 섭외한 광고가 높은 매출로 이어지는 것도 같은 원리이다.

호감을 유발하는 요인은 다음에 설명할 첫 번째에서 세 번째에 해당하는 직접적 요인(순간적 호감)과 네 번째, 다섯 번째에 해당하는 간접적 요인(누적적 호감)으로 나뉜다.

첫 번째는 신체적 매력에 기초한 호감으로 이를 '후광 효과 halo effect' 라고 한다. 이는 어떤 특성이 눈에 띄면 다른 특성도 함께 부각되는 현상을 의미한다. 다시 말해, 한 가지 특성에 대한 긍정적인 인상이 전체적인 평가에 영향을 미치는 것이다. 만약 어떤 사람이 매력적인 외모를 가지고 있다면, 전반적으로 긍정적인 평가를 받는 경향이 있다. 반면에, 부정적인 특성이 도드라지면 전반적인 인상도 부정적으로 영향을 받을 수 있다.

두 번째는 유사성에 관한 것이다. '친근감 바이어스'의 영향을 받아 자신과 유사하다고 느끼는 사람에게 친밀감을 느끼는 현상을 말한다. 얼굴이 닮은꼴이거나 추구하는 패션 스타일이 비슷한 사람끼리 쉽게 가까워지고, 기업명이 친근할수록 주식 거래량이 높아지는 경향도 이에 해당한다.

세 번째는 칭찬에 관한 것으로, 최근에는 소셜 미디어에서 '좋아요' 를 받는 것과도 연결된다. 엄격한 사람들이 주변에 가득한 환경에서 누군가 친절한 말을 건네면 그 사람에게 호의를 베풀고 싶은 마음이 더 커진다. 이러한 현상은 때로는 위험한 부탁도 수락하게 만든다.

네 번째는 친밀감이다. 이는 '단순 노출 효과'로 설명된다. 내용과 상관없이 상대방과의 접촉 횟수가 늘어날수록 애착이 높아지는 현상이다. 같은 반 친구나 직장 동료에게 쉽게 호감을 느끼거나, 가족 구성원을 편하게 느끼는 것도 이에 해당한다. 친밀감은 신체적 접촉과도 관련이 있어 바이어스 4에서 소개한 '터치 효과'와도 유사한 측면이 있다.

다섯 번째는 연합에 의한 집단의식이다. 시간이 쌓이면 서로 협력하고 싶은 마음이 생긴다. 극단적인 예로는 은행 강도에게 인질로 잡혀있던 사람이 범인에게 협조하는 '스톡홀름 증후군'을 들 수 있다. 연합은 바이어스 4에서 다룬 내집단과 외집단의 개념과도 연결된다.

사용자가 호감을 느끼게 되는 계기는 자신과 상대방 사이의 거리와 관련이 깊다. 상품·서비스를 인공물이나 무형물이 아닌 하나의 인격체로 가정해 보면 사용자와의 거리감을 좁히고 호감을 얻을 수 있는 힌트를 발견할 수 있을 것이다.

활용 방법

활용 1. 동경과 친근감을 섞는다

디자인에 대한 호감은 사람에 대한 호감과 비슷하다. 예를 들어, 애플 제품 디자인은 혁신적이고 독창적인 느낌을 준다. 반면 구글의 UI는 친근하고 접근하기 편한 느낌을 준다. 이처럼 디자인을 인격으로 비유하면 쉽게 이해할 수 있다. 사용자가 어떤 인격을 선호하는지 고려하여 공통점이 있으면서도 동경하는 존재로서의 디자인을 구상해 보자.

활용 2. 칭찬할 때 부탁한다

인기 있는 온라인 서비스를 이용하면 많은 칭찬을 받을 수 있다. 예를 들어, 초기 설정만 해도 '완벽하다!'는 칭찬을 듣고, 조금이라도 성과를 내면 '축하해요!'라는 인사를 받는다. 이러한 칭찬은 크게 두 가지 효과가 있다. 하나는 서비스를 계속 이용하도록 동기 부여하는 것이다. 다른 하나는 부탁(설문조사, 정보입력, 지인 추천, 마케팅 동의 등)에 더 쉽게 협조하도록 만드는 것이다. 돈을 들여 광고하는 것보다 사용자를 칭찬한 후 바로 부탁하는 것이 더 큰 호응을 얻을 것으로 기대된다.

활용 3. 협력하고 공유한다

친밀감과 연합은 팬덤과의 관계를 더욱 공고히 한다. 스포츠 선수와 팬의 관계를 예로 들어보자. 선수들이 팬들의 응원과 기대에 부응하면 팀이 성과를 거두고, 경기 티켓과 굿즈 판매량이 증가하면서 서비스가 활성화하는 선순환 구조가 만들어진다. 디지털 서비스 분야에서도 공유경제처럼 커뮤니티를 기반으로 한 비즈니스 모델은 모두 '크리에이터'와 '유저' 간의 상호 관계를 통해 성장하고 있다.

42 치트
(쉽고 편하게 하고 싶다)

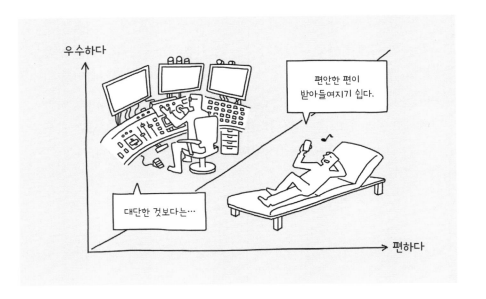

Key Point

- 사람들은 '대단함'보다 '편함'을 선택한다.
- 단, 편해지려고 비싼 대가를 지불하지는 않는다.
- 사람은 편해지면 그 대신 다른 것을 열심히 한다.

행동 특징

개발자들이 인간은 본질적으로 게으른 동물이라는 사실을 인정하면, 그동안 사용자에게 무리한 요구를 해왔다는 사실을 깨닫고 앞으로는 편하고 쉬운 상품·서비스를 설계하게 될지도 모른다. 스티븐 웬델Stephen Wendel의 저서 《마음을 움직이는 디자인 원리》에 따르면, 사용자의 행동을 유도하는 데는 그동안 학문적으로 많이 연구되지 않았던 '치트'라는 전략이 효과적일 수 있다. 이는 속임수를 써서 사용자가 원하는 목표에 빠르고 편하게 도달하도록 돕는 것을 의미한다. 사람들은 쉽고 편하게 얻는 것을 선호하기 때문에 이러한 접근 방식은 매력적일 수 있다.

기술적인 측면에서 치트를 고려할 때, 사용자는 대단한 기술보다 어렵지 않고 사용이 쉬운 기술을 선호한다는 점을 이해해야 한다. 스마트폰의 QR코드 결제가 확산한 이유도 사용이 간편하고 직관적이었기 때문이다. 반대로 3D 영상이나 VR 서비스는 사용자들의 접근과 사용이 어려워서 폭발적인 인기를 누리지 못한 것으로 보인다. 이러한 관점에서 보면, 사용자는 본질적으로 성실하지 않은 존재로서 더욱 편리하고 쉬운 방식으로 목표를 달성하고자 한다.

그런데 비즈니스를 고려할 때 이러한 관점을 간과하고, 대단한 기술만 추구하는 경향이 있다. 뛰어난 비즈니스 리더들은 사용자를 똑똑하고 성실한 사람으로 설정하고 충분히 어려운 작업을 수행할 수 있다고 가정하기 쉽다. 그러나 현실은 다르다. 사용자가 작성해야 하는 양식이 복잡하고 어려우면 제대로 작성할 수 있는 사용자의 수는 현저히 줄어들고, 이는 서비스 이용을 저해하는 동기 요인이 된다.

최근에 인기몰이 중인 상품·서비스는 사용자 친화적이라는 공통점이 있다. 직관적이고 누구나 쉽게 사용할 수 있기 때문에 대중화에 성공한 것이다. 사용에 필요한 노력이 경쟁사와 비교해서 얼마나 적은지가 사용자의 편의성을 평가하는 중요한 요소 중 하나가 될 수 있다. 사용자는 편리하고 간편한 경험을 추구하며 이는 상품·서비스가 성공적으로 대중화하는 데 중요한 역할을 한다.

치트를 고려할 때 주의해야 할 점이 있다. 사용자가 편해지겠다는 이유만으로 비싼 이용료를 지불하는 것은 아니다. 단지 같은 가격대 내에서 편한 쪽을 선택할 뿐이다. 편한 제품으로 높은 주목을 받은 세그웨이가 있고 그보다 저렴한 전기자전거나 전동 킥보드가 있을 경우, 사용자는 사용성이나 편의성에 큰 차이가 없다면 저렴한 옵션을 선택한다.

사용자의 편의성을 높이는 기술, 이지올로지easyology가 발달하고 널리 보급되면 사람들이 아무 노력도 하지 않게 될까? 그렇지 않다. 사람들은 세 가지 면에서 새로운 환경에 적응하게 될 것이다.

첫째, 사람들은 자신의 분야에서 이전에 성취한 것 이상을 해내고 한계를 뛰어넘으려고 노력할 것이다. 예를 들어 타이핑 기술이 발달하면서 장편 소설이 더 많이 생겨났고, 워드프로세서나 PC가 보급되면서 사람들이 글을 읽는 양은 비약적으로 늘어났다.

둘째, 다른 일을 찾아 열심히 하려고 할 것이다. 가전제품이 보급되면서 요리나 집안일을 하는 시간이 줄어들었고 그 결과 사람들은 다른 활동에 더 많은 시간을 할애할 수 있었다. 일본 경제학자 이시카와 미카와石川美香는 1970년부터 2000년까지 일본의 가전제품 보급률과 여성의 경제 활동률을 조사한 결과, 가전제품 보급률이 증가함에 따라 여성의 경제 활동률이 증가한다는 사실을 발견했다.

셋째, 사람들은 귀찮음을 즐기는 문화를 형성하려고 할 것이다. 가전제품 기술이 발전했는데 캠핑이 인기를 끌고, 스마트폰이 점점 진화하는데 필름 카메라 애호가 역시 늘어나는 것처럼 편의성이나 효율성과는 거리가 먼 활동에 관심을 두는 사람들이 나타난다.

인간은 편함을 추구하는 경향이 있지만 게으름뱅이는 아니며 오히려 복잡한 사고를 하는 생물이다. 이에 근거하여 사용자는 편함과 쉬움을 추구하면서도 새롭고 다양한 활동과 문화를 형성하고 즐기는 존재로서의 특성이 있다고 볼 수 있다.

활용 방법

활용 1. 조작을 시키지 않는다

디폴트 설정은 사용의 번거로움을 해소하는 효과가 있다. 예를 들어, 일본 신칸센은 자동으로 지정된 좌석을 배정한다. 자리를 변경하고 싶은 사람만 간편 설정 화면을 조작하면 된다. 또한, 한 글자만 입력하면 다양한 변환 제안을 생성하는 키보드 입력이나 카드를 뽑으면 모든 조명 장치가 꺼지는 호텔 룸 카드처럼 한 번의 조작으로 열 가지 작업을 수행하는 방법도 있다. 이러한 기능들은 아주 적은 노력으로 많은 조작을 가능하게 한 것이다.

활용 2. 부수적으로 한다

한 가지 행동을 하는 동안 다른 일을 병행하도록 유도하는 방법은 매우 효과적이다. 패밀리 레스토랑에서 식사하는 고객에게 설문지 작성을 부탁하거나 앱에 로그인 할 때 프로필을 설정하게 하는 것도 이에 해당한다. 또한, 사용자의 기분을 좋게 하여 원하는 행동으로 유도하는 방법도 효과적이다. 사람들은 기분이 좋을 때 더 긍정적으로 반응하고, 그에 따라 귀찮은 일도 더 쉽게 수락하는 경향이 있다. 따라서 칭찬을 통해 사용자의 기분을 좋게 만들면 다음 단계로 쉽게 넘어갈 수 있다. 이는 사용자 경험을 향상하고 원하는 결과를 달성하는 데 매우 유용한 전략이다.

활용 3. 반복되는 행동은 자동화한다

  같은 행동을 최대한 반복하지 않도록 하는 것은 사용자 경험을 향상하는 중요한 요소이다. 예를 들어, 사용자가 매번 아이디와 비밀번호를 입력하는 대신 자동 로그인 기능을 통해 번거로움을 줄일 수 있다. 또한, 사용자의 습관을 기록하여 매일 반복하는 동작을 일일이 설정하지 않아도 자동으로 실행되도록 하는 서비스도 사용자의 편의를 높이는 데 도움이 된다. 사용자의 습관이 기록되면 이를 기반으로 개인 맞춤형 자동화가 설정될 수 있다. 이러한 접근 방식은 밥솥의 밥 짓는 방법이나 건강 관련 습관과 같은 개인의 취향이나 습관에 맞춰 다양한 방식으로 적용될 수 있다. 반복되는 작업을 최소화하고 개인 맞춤형 경험을 제공함으로써 사용자들이 더 쉽고 편리하게 서비스를 이용할 수 있게 된다.

43 밤에 쓴 연애편지
(감정에 맡기면 후회한다)

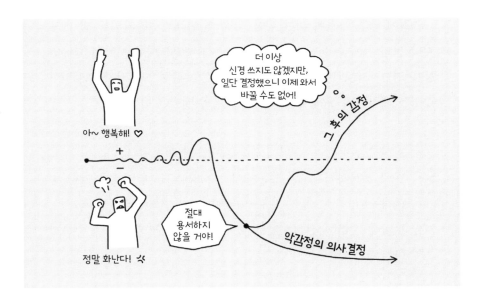

Key Point

- 충동적인 감정에 휩싸인 상태에서 행동하면 나중에 크게 후회한다.
- 한번 행동하면 철회하기 어렵고, 장기적으로는 불이익을 초래하는 경우가 많다.
- 현재 부정적인 감정에 빠져 있다면 결정을 유보하는 것이 현명하다.

행동 특징

밤에 쓴 연애편지나 업무 메일을 다음 날 아침에 다시 읽어보고 부끄럽기 그지없던 경험이 한 번쯤은 있을 것이다. 행동경제학에서는 이를 감정과 행동의 불일치로 인한 기회 손실로 본다. 단기적 감정에 의한 행동은 장기적으로 불리한 결과를 초래하기 쉽다.

홧김에 내뱉은 말에 대한 후회, 직장 내 이해관계자와의 언쟁, 배우자나 연인 간에 잘잘못을 따지는 다툼, 서비스에 대한 분노의 클레임 등을 경험해 본 적이 있을 것이다. 일시적인 감정으로 장기적인 의사결정을 해버리면 후에 원치 않는 행동에 얽매이게 된다.

- 당장 그만두겠다 → 다시 하고 싶어도 철회할 수 없다.
- 절대 용서하지 않겠다 → 용서하고 싶어도, 내 입으로 말할 수 없다.
- 도발에 응하여 선전포고하다 → 냉정하게 생각해 보면 승산이 낮다.

돈을 가진 사람이 돈이 없는 사람에게 얼마의 돈을 주는지 관찰하는 '최후통첩 게임' 심리학 실험이 있다. 이 실험을 응용한 연구에서는 돈을 건네기 전에 돈을 받는 사람의 감정을 자극하면 결과가 어떻게 달라지는지 관찰했다. 받는 사람이 불쾌한 영화를 봤다면 "그럴 필요 없다."라며 돈 받기를 거부하는 사례가 많았다. 반대로 유쾌한 영화를 본 후에는 "고마워!"라고 인사하며 흔쾌히 돈을 받는 사례가 더 많았다.

이 연구에서 흥미로운 점은 전혀 관련이 없는 사건도 의지와 행동에 영향을 미칠 수 있다는 것이다. 사용자의 기분이 나쁘면 상품·서비스가 아무리 훌륭해도 인정받기 어렵다. 사용자에게 가장 좋은 타이밍을 파악하되, 한 번에 해결하려고 하지 말고 부정적인 상태에서 긍정적인 상태로 단계적 전환할 수 있는 장치를 고안해야 한다.

부정적인 감정에 끌려다니는 현상은 과거의 행동이나 생각에 의존해 결정을 내리는 것과도 관련이 있다. '생각할수록 화나고 불쾌하네, 두고 보자!'와 같은 형태로 가슴에 남아있으면 이후의 결정에 계속 영향을 미칠 수밖에 없다. 따라서 부정적인 감정을 가진 사용자에게는 획일적인 태도로 응대하지 말고 인간적인 감정을 고려하여 과거의 부정적인 기억과 경험을 해소할 방법을 생각해 보는 것이 중요하다.

활용 방법

활용 1. 결정을 유보한다

상대방의 기분이 부정적인 상태면 일단 한발 물러서서 결정을 유보하고 그사이에 상대방이 좋아할 만한 경험을 끼워 넣는 방법을 사용하면 효과적이다. 예를 들어, 상대방이 제안에 만족하지 않으면 그 자리에서 판단을 내리게 하지 말고 대체 서비스를 제공하여 먼저 즐거운 감정이 들도록 하자. 그러면 부정적인 감정이 줄어들고 제안을 좀 더 긍정적으로 검토해 줄 것이다. 반대로 자신이 상대의 요구를 거절하거나 불만을 전하는 상황이라면 밤에 메일을 보내지 말고 하루 정도 유보했다가 보내기 전에 냉정하게 검토하는 시간을 가지는 것을 추천한다.

활용 2. 감정 축과 다른 조건을 제시한다

일본 근대화의 아버지라 불리는 사카모토 료마坂本龍馬는 무사 출신이지만 뛰어난 비즈니스 마인드를 겸비한 인물이었다. 그는 메이지 유신의 성공에 결정적인 역할을 한 삿초 동맹을 성사함으로써 에도 막부와의 대결에서 유리한 입지를 점했다. 이와 관련한 유명한 에피소드가 있다. 당시 조슈번은 적대 관계였던 사츠마번과의 동맹을 심정적으로 용납할 수 없었다. 이때 사카모토 료마는 동맹을 맺으면 조슈번은 사츠마번으로부터 무기를, 사츠마번은 조슈번으로부터 쌀을 받을 수 있다는 실리적인 조건을 제시했다. 이것이 동맹을 결심하는 큰 계기가 되었다. 감정적인 상황에서 실리적인 조건을 제시하는 것에는 두 가지 이점이 있다. 하나는 상황을 냉정하게 판단할 수 있게 된다는 것이고, 다른 하나는 자신과 타협할 수 있는 여지가 생긴다는 것이다. 완고한 사람의 마음을 직접적으로 움직이기는 어렵지만, 타협안을 제안한다면 '어쩔 수 없지'라며 진행의 물꼬를 트고 상황을 유연하게 해결할 수 있다. 상대의 마음 깊은 곳에 받아들이려는 의지가 있어 보인다면 다른 관점에서 접근하는 것이 효과적이다.

44 게이미피케이션
(놀이는 노력을 끌어낸다)

Key Point

- 놀이는 자유롭고 재밌으며, 보상이나 명령에 좌우되지 않는다.
- 놀이는 사람의 마음을 사로잡는 매력이 있다.
- 놀이를 단계적으로 제공하면 친밀감을 높일 수 있다.

행동 특징

재미가 없으면 계속하기 어렵다. 그렇기에 놀이 요소는 필수 불가결하다. 사회학이나 문화인류학에서는 오래전부터 '놀이'를 주목해

왔다. 현재, 게임의 요소와 원리를 비게임 환경에 적용하는 '게이미피케이션 Gamification' 기법이 다양한 분야에서 사용되고 있다.

역사학자 요한 하위징아 Johan Huizinga는 호모 사피엔스 Homo sapiens (지혜로운 인간)나 호모 파베르 Homo faber (도구를 사용하는 인간)에 대응하여 호모 루덴스 Homo ludens (놀이하는 인간)라는 개념을 제시했다. 놀이는 무엇보다도 자유롭고 즐거운 행위이며, 인간은 놀이를 통해 문화를 만들어 왔다는 것이 이 개념의 핵심이다. 놀이는 보상과 무관하기 때문에 재미있으면 힘들어도 계속할 수 있다는 특성이 있다. 이는 인간만이 가지고 있는 비합리적이고 놀라운 현상이다.

사회학자 로제 카이와 Roger Caillois는 하위징아의 생각을 좀 더 구체적으로 논증했다. 그는 놀이의 특징을 다음의 4가지로 구분한다.

- 경쟁 agon: 스포츠처럼 규칙에 따라 경쟁하는 놀이
- 모의 mimicry: 연극, 역할 놀이처럼 상상의 세계를 창조하는 놀이
- 우연 alea: 운이나 행운에 의존하는 내기처럼 불확실성과 긴장감에서 비롯된 흥분을 즐기는 놀이
- 현기증 ilinx: 스키나 놀이공원처럼 신체적, 정신적으로 혼란을 유발하는 속도감과 환상을 맛보는 놀이

게이미피케이션을 통해 놀이 요소를 도입한 비즈니스가 많이 전개되고 있다. 예를 들어, 아이폰은 닌텐도 게임처럼 설명서가 없으며 사용자들이 조금씩 조작을 익혀가는 과정에서 즐거움을 느끼기 때문에 계속 사용하게 된다. 놀이에는 제품 사양으로 설명되지 않는 매력이 있다. 아무리 이론적으로 장점을 잘 설명한다 해도 감각적인 기분 좋음을 이길 수는 없다.

게이미피케이션에는 다양한 기법이 있다. 예를 들어, 할 수 있는 것을 조금씩 늘려가는 언락^{unlock}, 도전 수준을 조금씩 높여가는 레벨 디자인 등의 개념이 있다. 이러한 방식은 다양한 비즈니스 서비스에 응용할 수 있다. 그 외에도 사용자가 할 행동을 가이드하는 퀘스트, 세계관에 몰입하게 만드는 스토리 등 사용자가 길을 잃지 않고 계속 몰입할 수 있도록 하는 많은 방법을 게임에서 배울 수 있다.

특히 금융, 법률, 공공기관, 학계, 의료계처럼 보수적인 산업일수록 이러한 단계별 친근감을 주는 노력이 필요하다. 사용자와의 거리를 좁히기 위해 귀여운 일러스트나 캐릭터를 활용한 상품·서비스를 많이 볼 수 있다. 하지만 이는 작은 도입부에 불과하다. 계속 사용하게 하려면 그 이상의 '무언가를 하는 즐거움', '발견의 기쁨'과 같은 놀이 경험까지 제공해야 한다.

놀이는 논리를 떠나 흥미를 유발하고 도입의 문턱을 낮춰서 힘든 일도 즐겁게 할 수 있도록 만드는 힘이 있다. 요한 하위징아는 '놀이는 노력을 위해 주어진 기능'이라고 주장한 바 있다. 이 말에서도 알 수 있듯이, 놀이와 진지함은 동전의 양면처럼 서로 밀접한 관련이 있다.

활용 방법

활용 1. 모의한다

스위스의 발달심리학자 장 피아제$^{Jean Piage}$는 삼단논법 문제를 자주 틀리는 아이에게 놀이 요소를 도입해 보았다. 진지한 어조로 설명했을 때는 연구자가 예상하는 사고 발달 단계 내에서 정답을 맞혔다. 하지만 놀이하는 어조로 설명했을 때는 4살짜리 어린아이도 문제를 여러 번 풀 수 있다는 결과가 나왔다. 이를 카이와의 4가지 놀이 특성에서 고르면 '모의(연극이나 역할 놀이)'에 해당한다. 모의는 학습 의욕을 높이는 동기 부여가 될 뿐만 아니라, 자신의 편견을 버리고 열린 마음으로 그 세계에 참여하는 경험을 통해 상상력과 창의력을 발달시키고, 삶의 풍요로움을 누릴 수 있게 한다.

활용 2. 경쟁한다

NIKE+를 시작으로 많은 사람이 달리기할 때 스마트폰 앱을 사용하게 되었다. 앱을 통해 자신이 달린 거리를 확인하고, 가상으로 다른 사람과 기록 경쟁을 할 수도 있다. 스포츠의 즐거움 중 하나는 상대와의 경쟁과 협력인데, 이는 바이어스 1에서 소개한 피어 효과(동료 효과)와도 연결된다. 단, 경쟁하는 상태 그 자체가 놀이의 즐거움이고 상대방을 이겼을 때 느끼는 것은 우월감이다. 이 점을 놓치지 말자.

활용 3. 미니게임으로 만든다

회의에서 나온 결과물이라기에는 믿기 어려운 유쾌한 아이디어로 사회문제를 해결한 사례가 있다. 스웨덴에 있는 건반 모양 계단은 걸으면 피아노 소리가 나는 재미있는 장치이다. 사람들이 호기심에 에스컬레이터 대신 건반 계단을 이용하였고 건강 증진에 기여하는 효과를 낳았다. 다만, 익숙해지면서 이용률이 줄어들었다. 게이미피케이션은 지루하지 않게 만드는 방법을 고안하는 것이 중요하다. 그 외에도 노숙자를 위한 기부에 놀이를 접목한 사례가 있다. 여론이 있는 주제에 대해 Yes 또는 No를 코인으로 투표하게 함으로써 기부 행동으로 이어지게 하는 방식이다. 기부하는 사람에게는 사회 참여의 의미를 부여하고 받는 사람도 존엄성을 해치지 않는 멋진 아이디어라고 할 수 있다.

바이어스 8

결단에
구애받는다

한 번의 결정이 자신의 행동을 제한하는 경우가 있다. 여기에는 생각과
행동이 일치하지 않는 것을 싫어하는 성질이 작용한다. 과거의 결정이
현재의 행동을 좌우하거나, 잘못된 결정이었음에도 방향을 수정하기
어렵게 된다. 지금 내리는 어떤 결정은 이후의 행동을 좌우하는 표지판
과 같은 것이다.

45 일관성
(고집과 결합)

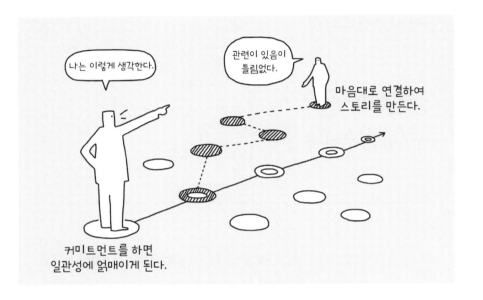

Key Point

- 일관성은 말과 행동의 연관성을 유지하고 싶은 본능적 욕구를 반영한다.
- 일관성을 유지하기 위해 앞뒤 스토리를 맞추려고 한다.
- 두 사건 사이에서 의미를 찾으려고 한다.

행동 특징

사람들은 자신의 발언과 태도가 일관되기를 원하며, 타인에게 역시

그렇게 보이기를 희망한다. '한번 뱉은 말은 주워 담을 수 없다'는 속
담에 해당하는 경험은 누구에게나 있을 것이다.

일관성을 유지하면 좋은 대표적인 이유로 세 가지를 꼽을 수 있다.
첫째, 겉과 속이 일치하는 진실한 사람으로 사회적 평가가 높아진다.
둘째, 말과 행동이 일치하면 상대방이 이해하기 쉽고 신뢰를 받는다.
셋째, 의심할 필요가 없어지며 관계의 투명성과 안정성을 제공한다.
일관성은 타인과 함께 일하고 생활하는 데 있어 꼭 필요한 능력이다.

우리는 자기 자신에게도 타인에게도 일관성을 갈망한다. 그래서 발
언이나 태도를 보이는 발신자와 이를 보고 듣는 수신자 모두에게 일
관성에 대한 요구가 과도하게 작용한다.

발신자는 행동에 제약이 생길 수 있다. 무언가를 수행하겠다고 확
약하는 것을 커미트먼트commitment라고 한다. 정치인이 과거 행적과 미
래 동기를 밝히는 공적 선언인 매니페스토manifesto도 이에 해당한다. 커
미트먼트는 사회적 신뢰를 얻고 타인을 안심시킬 수 있지만, 일단 발
신한 후에는 철회할 수 없다는 위험도 내포하고 있다. 예를 들어 "A와
B 중 어느 쪽이 더 좋으세요?"라는 질문에 "A가 더 좋아요."라고 대답
하면 A에 대한 커미트먼트가 이루어진 것이다. 이어서 "B에 비해서
A의 어떤 점이 마음에 들었나요?"라고 물으면, A에 대해서는 장점을
많이 꼽고, B에 대해서는 단점을 많이 꼽게 된다. 사실 B도 그다지 나
쁘지는 않다고 생각함에도 말이다.

일관성을 유도하여 상대방의 사고와 행동을 제한하고 불리한 상황
으로 몰아넣는 '승인 유도 기법'이 있다. "조금 전에 분명 그렇게 말씀
하셨죠?"라고 밀어붙이면서 상대방을 자신이 원하는 결론으로 유도
하는 것이다. 이는 일관성을 유지하려는 심리를 이용하여 상대방을
조종하는 전략이다.

수신자는 일관성 사고를 작동시켜 스스로 일관성 있는 스토리를 만들어낸다. 이는 쉽게 말해, 추측이다. 예를 들어, 하늘이 흐리고 우산을 가지고 있는 사람을 보면 '오늘 분명 비가 내릴 것이다.'라고 생각한다. 그러나 이러한 추측은 실제로 흐린 하늘과 우산을 가진 것 사이에 인과 관계가 있는지를 확인하지 않은 상태에서 이루어진다.

사실 그 사람이 우산을 가지고 있는 이유는 예전에 놓고 온 것을 챙겼을 수도 있고, 다른 용도로 사용할 수도 있다. 많은 사람이 흐린 하늘과 우산이라는 두 가지 사건을 하나의 맥락으로 묶어 스토리를 만들어 낸다. 이것을 '착각적 상관 Illusory Correlation'이라고 하며 이 역시 일관성 사고에서 비롯된 것이다.

성인은 일관성을 강하게 의식하지만, 어린아이는 일관성을 크게 의식하지 않으므로 연령에 따라 일관성 시책의 효과 여부가 달라진다.

활용 방법

활용 1. 카테고리를 만든다

패션 스타일은 용어가 정의된 후, 해당 스타일을 좋아하는 사람들 간에 널리 알려지게 된다. 예를 들어, 스트리트 패션, 고프코어룩, 빈티지, 밀리터리룩 등의 용어는 패션 트렌드나 스타일을 설명하는 데 사용되고, 사용자들이 자신의 스타일을 이해하고 다른 사람들과 소통하는 데 도움이 된다. 새로운 것에 대한 공통된 인식이 없으면 일관성을 의식하기 어렵다. 그러나 이름이나 분류 등 카테고리를 정의하면 사용자들은 자신이 선호하는 스타일을 식별하고 다른 이들과 공유할 수 있다. 카테고리는 사용자들이 일관된 행동을 취할 수 있도록 도와주는 중요한 요소 중 하나이다.

활용 2. 시리즈로 구성한다

브랜드의 세계관이나 기업 철학에 매료된 사용자들은 일관성 있는 경험을 추구하는 경향이 있다. 예를 들어 애플 사용자들은 아이폰, 맥북, 아이패드, 에어팟 등 최대한 애플 기종으로 맞추려고 한다. 같은 브랜드의 착장을 맞추는 패션, 스타일이나 콘셉트를 중시하는 인테리어 등도 마찬가지이다. 비즈니스적으로 일관성은 브랜드 또는 기업에 대한 신뢰를 형성하고 사용자의 충성도를 높이는 중요한 전략이다. 그러나 일관성을 지나치게 강조한 나머지 선택의 자유를 제한하면 사용자는 답답함과 지루함을 느끼게 된다. 사용자의 요구와 트렌드를 고려하고 일관성과 선택의 자유를 균형 있게 유지해야 사용자들이 브랜드나 기업에 대한 충성도를 유지하면서도 답답함 없이 새로운 경험을 즐길 수 있다.

활용 3. 일부는 절대 바꾸지 않는다

상품이나 서비스가 진화하는 과정에서는 기존의 기능이나 디자인이 변경되어 매력이 사라지는 경우가 있다. 시대가 변하고 기술이 발전해도 일부 기능이나 디자인은 절대 바꾸지 않음으로써 처음의 매력을 그대로 유지하고 고객의 충성도를 높일 수 있다. 또한, 최초 모델을 복각 버전으로 제작하여 한정판으로 출시하는 전략도 팬심을 키우는 데 도움이 된다. 이러한 전략을 통해 제품이나 서비스에 대한 사용자의 애정과 충성도를 더욱 강화할 수 있다.

46 매몰 비용
(아깝다는 함정)

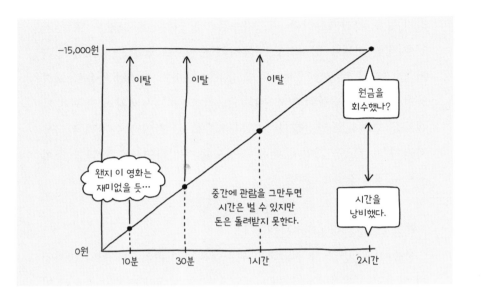

Key Point

- 비용을 지불한 후에 원금 회수를 생각한다.
- 투자와 성과에 의미를 부여하면 손절할 수 없게 된다.
- 때로는 손절하지 않고 몰입하는 것도 중요하다.

행동 특징

영화관에 가서 상영 시작 10분 만에 내용이 재미없다고 느낀다면 어떻게 할 것인가? '모처럼의 영화인데 끝까지 보자.'라며 머물 것인가,

아니면 '시간 낭비하지 말고 나가자!'고 결단할 것인가.

이것이 바로 '매몰 비용^{sunk cost}(성크 코스트)'의 개념이다. 영화를 보기 전에 지불한 돈은 돌려받을 수 없다. 120분 정도의 상영 시간 동안, 영화가 재미있든 없든 지불한 돈은 돌려받을 수 없다. 그렇다면 재미없다고 판단한 순간, 바로 관람을 중단하고 영화관을 나가는 것이 시간적인 면에서는 손실이 적다고 볼 수 있다.

성크 코스트는 Sunk(Sink=침몰하다의 과거분사) + Cost(돈)의 합성어로, 가라앉아 돌아오지 않는 돈을 뜻한다. 회수하지 못한 지출 비용을 아깝다고 생각하며 의사 결정을 미루면 손실은 점점 더 커진다. 개발에 막대한 비용이 소요 되었으나 높은 운용 비용과 소음 및 오존층 파괴 등의 환경 문제로 논란이 된 콩코드 비행기는 이미 지출한 비용은 회수할 수 없다는 점에서 매몰 비용 효과의 대표적인 사례로 자주 거론된다.

매몰 비용 효과는 돈뿐만 아니라 시간과 노력에도 적용될 수 있다. 우리는 종종 투자한 시간과 노력 때문에 객관적으로 상황을 평가하지 못하고, 투자한 시간에 비례해서 결과를 얻을 것이라는 믿음에 사로잡히게 된다. 이런 믿음으로 인해 종종 철수할 적절한 타이밍을 놓치곤 한다.

하지만 모든 것을 냉정하게 손절하는 것도 항상 옳은 선택은 아니다. 오직 손실 여부만을 고려하여 모든 것을 판단하면 자신도 몰랐던 가능성을 발견할 기회를 놓칠 수 있다. 같은 영화를 보고도 '특이한 장면이나 모순되는 부분을 찾아내어 대화 소재로 삼으면 영화 값을 회수할 수 있어.'라고 생각하는 사람도 있다. '바이어스 2' 밴드왜건 효과에서 소개한 미우라 준은 대담에서 이런 발언을 했다.

"어떤 영화든 상영이 끝나자마자, 엘리베이터 근처에서 '재미 없었어'라며 한마디로 정리하는 사람이 있죠. 재능과 경험이 없는 사람이라고 생각합니다. 영화는 재미있는 부분을 스스로 찾아내는 것입니다."

준의 보답 – 거의 일간 이토이 신문_보답 38호
https://www.1101.com/ongaeshi/050823index.html

매몰 비용을 의식한 손절은 중요하지만, 때로는 매몰 비용을 고려하지 않고 몰입하는 것이 필요할 때가 있다. 손절은 타인의 생각이나 지금까지 축적해 온 것들을 일단 접어두고 냉정하게 판단하는 외발적 관점이다. 합리적이고 효율적인 결정을 내리는 데는 도움이 되지만, 새로운 가능성을 발견하기 어려울 수 있다.

반면 몰입은 해나가다 보면 뭔가 발견될지도 모른다는 내발적 관점이다. 새로운 가능성을 발견하고 창의력을 발휘하는 데는 도움이 되지만, 금전적 손실이나 시간 낭비의 위험이 있다. 그러나 손실이 크지 않고 전망이 밝다면 몰입하여 손실을 만회할 수 있고, 비즈니스 잠재력이 크다면 몰입을 통해 새로운 시장을 개척할 수도 있다. 손절과 몰입은 모두 중요하며 양쪽을 적절히 활용해야 효과적으로 목표를 달성할 수 있다. 어느 한쪽에 치우치지 않고 양쪽을 조화롭게 오가는 것이 바람직하다.

활용 방법

활용 1. 객관적인 시선으로 관찰한다

투입한 시간과 노력이 반드시 성과와 비례하지는 않는다. 시간 대비 성과가 나오지 않을 때는 한발 물러서서 냉정하게 자신의 상황을

직시해야 한다. 그래야 매몰 비용의 함정에 빠지지 않고 새로운 가능성을 찾아낼 수 있다. 일본 전자상거래 기업 Japanet Takata의 타카타 아키라 전 대표는 일본 전통극 노(能의 세계에서 말하는 '리켄노켄離見の見'이라는 개념을 참고하고 있다. 이는 배우가 무대에서 자기 모습을 관객의 시선으로 바라보는 것을 의미한다. 타카타 아키라는 과거의 성공이나 자기 스타일에 집착하지 않고 객관적인 시선으로 자신을 주시하며 사용자의 마음을 사로잡는 방법에 대해 끊임없이 고민했다.

활용 2. 순수하게 사용자 관점에서 발언한다

개발 회의에서 기술적인 문제나 제품의 기능에만 집중하여 사용자의 실제 필요성을 간과할 때가 있다. 상품·서비스가 실제로 사용자에게 어떻게 느껴질지 사용자 입장에서 발언하는 사람이 필요한 이유가 그 때문이다. 예를 들어, "이 부분은 사용자가 불편하게 여길 것 같아요.", "사용자 입장에서 과연 이 제품을 구매할 이유가 있을까요?"와 같은 의견을 내봄으로써 사용자 중심 관점을 환기하는 것이다. 이러한 접근은 개발자 중심의 관점에서 벗어나 사용자 요구를 충족하고 사용자 경험을 개선하는 데 도움이 된다. 또한 개발 인력의 노력이 헛되이 낭비되는 것을 방지할 수 있다.

활용 3. 상대방의 심정을 존중한다

비즈니스는 다양한 이해관계자의 협력으로 이루어지며, 각 이해관계자들의 의견과 심정을 존중하고 고려하는 것이 중요하다. 닌텐도의 제4대 CEO를 지낸 이와타 사토루岩田聡가 프로그래머로 활동하던 시절의 일화가 있다. 게임 소프트웨어 〈MOTHER 2〉 개발 당시,

그는 관계자들에게 "지금의 프로그램을 살리면서 보완하는 방법으로는 2년 걸립니다. 처음부터 새로 만들어도 된다면 6개월이면 충분합니다."라고 말했다고 한다. 손절의 판단은 합리성의 관점뿐만 아니라, 관계자들의 마음이 망설임 없이 전환되어야 한다는 것을 상징하는 장면이다. 필요성이 명확하게 인식되고 이해관계자들의 마음이 함께 움직일 때, 비즈니스의 성공과 지속 가능성이 높아진다.

활용 4. 기간을 정해놓고 몰입한다

Google의 전 소프트웨어 엔지니어인 맷 커츠$^{Matt\ Cutts}$의 TED Talk에서 소개된 〈30일 동안 새로운 것 도전하기〉는 많은 이들에게 영감을 주었다. 무리하지 않고 시도할 수 있는 일을 30일 동안 해보고 아니다 싶으면 다른 것으로 바꾸고, 이거다 싶으면 습관화한다. 기한을 설정함으로써 목표를 명확히 하고 집중할 수 있다. 또한 30일만 해보기로 했으므로 실패에 대한 부담이 줄어든다. 새로운 도전에 몰입할 수 있고, 부담 없이 손절할 수도 있는 훌륭한 방법이다.

47 인지부조화
(자발적 세뇌)

Key Point

- 감정과 생각이 일치하지 않으면 생각을 바꾸게 된다.
- 작은 보상은 생각을 바꾸는 데 긍정적인 작용을 한다.
- 칭찬은 동기 부여에 유용하지만 악용은 금물이다.

행동 특징

인간은 생각과 행동이 일치하지 않으면 불쾌감을 느낀다. 야마구치 슈山口周는 저서 《철학은 어떻게 삶의 무기가 되는가》를 통해 이러한 메커니즘이 세뇌에 어떻게 사용되는지 이야기한다. 사이비 종교나 위험한 사상을 가진 집단은 상대가 빠져나갈 수 없는 곳으로 유인한 후 다음의 두 단계를 밟는다.

- 집단에 바람직한 일을 시킨다.
- 작은 보상을 준다.

이 단순한 구조에서 인지부조화가 중요한 역할을 한다. 먼저 상대방에게 어떤 작업을 시킨다. 이 단계에서는 '자신은 억지로 했다'는 감정적 변명으로 자신을 합리화할 수 있다. 그러나 작은 보상을 주고 받아들이기를 요청하면, 변명하기가 어려워지고 행동을 되돌릴 수도 없기 때문에 '어쩌면 일리가 있는 것은 아닐까?'라며 자기 생각을 수정하려고 한다. 이러한 과정이 반복되면 결국 상대방의 요구를 받아들이게 된다. 사실 '자기 세뇌'는 인지부조화의 속임수이다.

작은 보상은 이 과정에서 핵심 역할을 한다. 보상이 크면 '큰돈 때문에 어쩔 수 없이 했다'며 더 큰 변명을 만들어 낼 수 있지만 작은 보상은 변명하기 어렵다.

사회심리학자 레온 페스팅거 Leon Festinger 가 세뇌 실험을 통해 이를 증명했다. 피험자들은 지루한 작업을 수행한 후, 다음 사람에게는 재미있었다고 말하도록 지시받았다. 피험자들은 적은 보상을 받는 그룹과 많은 보상을 받는 그룹으로 나뉘었는데, 결과적으로 적은 보상을 받은 그룹의 피험자들이 더 높은 작업 만족도를 나타냈다.

이는 두 그룹 모두 지루하다는 감정과 작업을 수행하는 행동 사이에서 인지부조화를 경험했다. 보상을 많이 받은 그룹은 보상에 대한 만족감으로 인지부조화를 해소했다. 보상을 적게 받은 그룹은 보상을 위해 행동한 것이 아니라 자신의 작업이 가치 있다고 믿음으로써 인지부조화를 해소했다.

세뇌에는 분명한 의도가 있지만, 일상에서는 보상을 주는 쪽에서 이를 자각하지 못하는 경우가 많다. 술자리를 빌려 회사 사정을 토로하고 일을 맡기는 상사는 주의해야 한다. 이는 취조실에서 협박과 회유로 용의자의 자백을 유도하는 형사와 동일한 메커니즘이다. 본인은 큰 손실 없이 상대의 생각을 바꾸는 놀라운 결과를 얻고 있다.

비즈니스에 적용하면 사용자가 의욕이 없을 때 칭찬이나 작은 선물을 주면서 동기를 부여할 수 있다. 이러한 접근은 사용자의 행동을 변화시키는 데 도움이 될 수 있지만, 상품이나 서비스에 인지부조화를 활용하는 것은 사용자를 조종하는 결과를 초래할 수 있으니 주의해야 한다.

활용 방법

활용 1. 반전 매력 요소를 넣는다

고급 레스토랑의 낯선 손님에게 품위를 유지하면서도 친근하게 말을 건네는 접객 서비스는 사용자의 불안감을 해소하는 작은 보상이 될 수 있다. 문턱이 높게 느껴질 수 있는 상황에서 친절하고 친근한 반전 매력 요소를 제공함으로써 사용자의 행동과 감정의 불일치를 조정하는 것이다. 이러한 서비스는 사용자의 신뢰를 얻고 브랜드 이미지를 강화하는 데도 기여한다.

활용 2. 계속 칭찬한다

자칫 소홀해지기 쉬운 공부나 지루한 업무를 의욕적으로 수행하고 싶다면 인지부조화를 활용해 보자. '지루하다', '무의미하다'고 느껴도, "즐거워!", "정말 도움이 된다!"라고 입 밖으로 말하면 인지가 바뀔 수 있다. 계정 설정 등 귀찮게 느껴지는 조작에 대해서도 과장되게 칭찬하는 것이 유용할 수 있다. 좋은 의미에서 칭찬의 기쁨에 도취해 평소에는 하기 싫은 일도 거뜬히 해내도록 유도하는 것이다. 인지가 긍정적으로 바뀌면 태도도 긍정적으로 변화한다.

활용 3. 반보성으로 의식 전환을 유도한다

타사 제품을 선호하는 사람을 타깃 사용자로 삼을 경우, 직접적으로 자사 상품의 가치를 어필하는 것보다 작은 보상을 먼저 주는 반보성을 활용하는 것이 효과적이다. 예를 들어, 시식 제품이 맥주라면 먼저 한 캔을 건네고 그 자리에서 마신 소감을 물어본다. 준 사람 앞에서 욕을 할 수 없으니 '맛있다', '괜찮다', '먹을만하다' 등의 소감을 말할 것이다. 그러면 의도하지 않은 발언과 작은 보상이 세트가 되어 '이 맥주도 나쁘지 않구나.'라고 생각을 바꾸는 계기가 된다. 반보성이라는 말 그대로 호의를 갚을 기회를 활용하여 제품을 판매하는 전략으로 사용자의 관심을 끌고 상품에 대한 긍정적인 인식을 형성하는 데 효과적이다.

3장

넛지

—

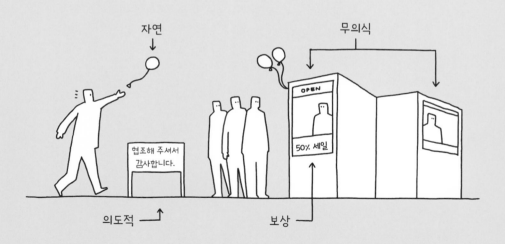

넛지 1

넛지
이해하기

3장에서는 사용자의 행동을 유도하는 방법을 알아보자. 이를 위해 꼭 필요한 '넛지'의 핵심 개념을 먼저 다루고 행동경제학을 비즈니스에 적용하기 위한 프레임워크를 소개한다.

48 넛지의 구조

넛지란?

넛지 Nudge는 행동경제학의 개념 중 하나로 사용자의 행동을 바람직한 방향으로 유도하기 위해 부드럽게 자극하는 방법을 말한다. 사용자가 긍정적인 선택을 하도록 촉진하거나 부정적인 결과를 피하도록 돕는 것을 목적으로 한다.

넛지는 사용자의 선택을 강요하거나 노골적으로 유도하는 슬러지 Sludge와 대조된다. 슬러지는 사용자의 선택을 방해하거나 부정적인 영향을 미치며 이는 사용자의 자유와 편의를 침해하는 것으로 여겨진다.

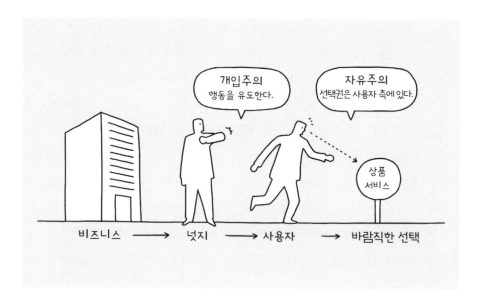

따라서 윤리의식은 넛지의 중요한 전제조건이다. 리처드 탈러와 캐스 선스타인은 그들의 저서인 《넛지》에서 '자유주의적 개입주의Libertarian Paternalism'라는 개념이 넛지에 필수적이라고 주장한다. 자유와 개입은 서로 모순되지만, 각 개인에게는 선택의 자유가 있음을 존중하고 더 나은 선택을 할 수 있도록 부드럽게 권유하는 것을 의미한다. 강제로 선택의 자유를 침해하는 것은 넛지의 원칙에 부합하지 않는다.

넛지는 사용자가 조작 오류를 피하고 상품·서비스를 즐겁게 사용할 수 있도록 돕는 목적으로 사용된다. 사용자 관점에서 상품·서비스 구조를 궁리하는 것은 디자인의 핵심이다. 넛지를 활용하여 디자인된 상품·서비스는 비즈니스적 가치를 높일 뿐만 아니라 더 나은 사회를 만드는 데에도 도움이 된다.

두 가지 다른 목적

넛지를 디자인하기 위해서는 두 가지 관점을 고려해야 한다. 하나는 사용자 측면에서 진정으로 선호하고 원하는 것이 무엇인지를 이해하는 관점이고, 다른 하나는 비즈니스 측면에서 사용자가 취해주기를 바라는 행동이 무엇이며 달성하고자 하는 목표는 무엇인지를 고려하는 관점이다. 사실 사용자와 비즈니스 간의 목적이 일치하지 않는 경우가 많기 때문에 이를 해결하기 위해서는 창의적인 접근이 필요하다.

남성 공중화장실 소변기의 파리 스티커는 넛지의 유명한 사례 중 하나이다. 사용자는 파리를 발견한 순간 무의식적으로 조준하고 공격하고 싶어진다. 사용자 측면에서는 재미있는 경험이므로 해보고 싶다는 목적이 있다. 비즈니스 측면에서는 사용자가 화장실을 위생적으로 사용해 주었으면 하는 목적이 있다. 둘의 목적은 다르지만, 파리

스티커라는 하나의 디자인 솔루션으로 결합하였다. 이것이 사용자 관점과 비즈니스 관점을 조합하는 창의적인 방법이다.

《행동을 디자인하다》의 저자 마츠무라 나오히로松村真宏는 사용자의 행동을 유도하려면 세 가지 조건(FAD Fairness, Attractiveness, Double of Purposes)을 만족해야 한다고 말한다. 첫 번째 Fairness는 누구도 불이익을 받지 않는 공평성이다. 두 번째 Attractiveness는 행동을 이끄는 유도성이다. 그리고 세 번째 Double of Purposes는 제공자와 이용자의 목적이 다르다는, 즉 목적의 이중성이다.

실제로는 비즈니스 이론을 기반으로 설계한 상품·서비스가 의도한대로 사용되지 않는 경우가 많이 있다. 이는 대부분 사용자의 목적을 고려하지 않고 설계되었기 때문이다. 따라서 어떤 기획이나 제안을 계획하고 있다면, 먼저 사용자 측면과 비즈니스 측면에서 서로 다른 목적을 고려해야 한다. 각각의 목적을 적어보고 이를 충족하는 해결책을 찾는 것이 중요하다. 이것이 넛지를 디자인하는 힌트가 될 것이다.

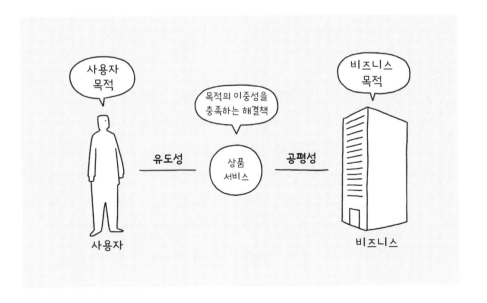

개입 정도

넛지가 여전히 사람들을 유도하는 기법의 하나임에는 변함이 없다. 사람들의 행동을 유도하는 방법은 여러 가지가 있다. 다음 그림에서 제시하는 강제, 요청, 협상, 그리고 넛지는 각각 개입 정도가 다르다. 예를 들어, 정부의 코로나19 대책에 비추어 비교해 보자.

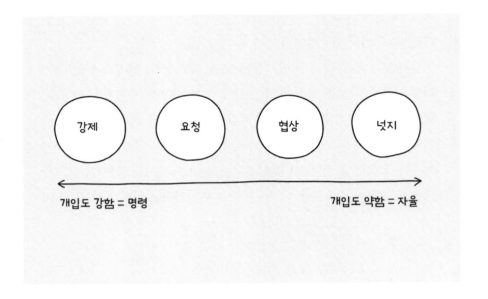

'강제'는 가장 개입도가 높으며 사용자에게 명령이나 규제를 가하는 방법이다. 코로나19 대응에서는 시설에서의 발열 체크나 감염 발견 시 14일간의 격리와 같은 조치가 이에 해당한다. 행동을 유도하는 가장 강력한 방법이지만, 사용자가 악의 없이 취한 행동에 대해 법 집행처럼 강제력을 발휘하기는 쉽지 않다. '요청'은 상대방에게 특정 행동을 부탁하거나 권고하는 것으로 정부나 지자체 발표 등에서 주로 볼 수 있는 형태이다. 상호 이해를 기반으로 판단은 사용자의 양심에 맡기되 준수하지 않을 경우 사회적 제재를 가하는 등 벌을 주는 형태를 보이기도 한다. 이 경우는 요청이 아니라 강요나 협박에 해당한다.

'협상'은 서로의 이익을 고려하여 조건을 협의하는 것으로 Give & Take의 세계라고도 볼 수 있다. 재택근무 장비 지원, 자영업자 보조지원금 등 조건을 받아들임으로써 다른 사람보다 유리한 혜택을 취하는 것도 협상에 포함된다. 손익에 좌우되는 세계이므로 선의나 양심과는 다른 실리적 접근이 이루어진다.

'넛지'는 사용자의 행동을 유도하는 데 있어 개입 정도가 가장 낮은 방법의 하나이다. 예를 들어, 매장의 입구와 출구를 분리하여 혼잡과 접촉 빈도를 줄이는 등의 조치는 사람들이 무리 없이 흔쾌히 받아들일 수 있는 정도에 해당한다. 이처럼 사용자가 불편함 없이 원하는 선택을 하도록 구성하는 작업을 넛지에서는 '선택 설계 Choice Architecture'라고 하며 다음과 같은 특징이 있다.

- 사용자가 불리하지 않도록 유도한다: 사용자 이익을 최우선으로 고려하여 사용자가 불리한 상황에 놓이지 않도록 한다.
- 사용자가 알아차리기 어렵게 유도한다: 사용자가 유도되고 있음을 인지하기 어렵게 설계한다.
- 사용자가 평등하게 받을 수 있게 유도한다: 모든 사용자가 평등하게 유도되도록 설계된다.
- 사용자가 부담 없이 거절할 수 있도록 유도한다: 거절하거나 무시해도 괜찮은 선택지를 제시하여 사용자의 부담을 최소화한다.

넛지는 사용자의 편의와 안전을 고려하여 설계되며 강압적으로 명령하는 방식이 아닌 자율성을 존중하는 방식으로 사용자를 유도한다.

49 넛지의 프레임워크

비즈니스에서 넛지를 고려할 때 유용한 두 가지 대표 프레임워크를
알아보자. 프레임워크를 활용하면 상품·서비스를 기획하고 디자인할
때부터 넛지의 효과를 측정하는 평가 지표를 고려할 수 있다. 이를 통
해 계획부터 검증까지 아우르는 종합적인 사고방식을 갖추게 된다.

검토 프로세스

첫 번째는 '기획, 개발, 서비스 제공, 개선'을 반복하는 검토 프로세
스에 관한 내용이다. 다양한 프레임워크와 방법론이 있지만, 여기서
는 OECD(경제협력개발기구)에서 만든 'BASIC 5단계'가 비교적 이해
하기 쉬우므로 이를 중점적으로 살펴보자.

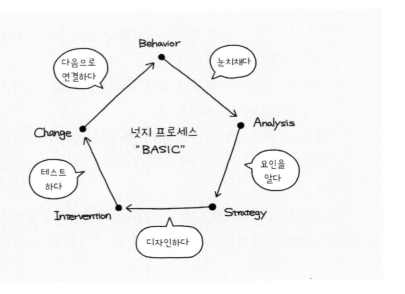

Behavior(사람들의 행동 관찰하기)

가장 먼저 해야 할 일은 사용자를 관찰하는 것이다. 사용자 관점으로 생각하지 않으면, 비즈니스적 관점으로 편의성이나 효율성에만 집중하게 될 수 있다. 사용자에 주목하는 것이 무엇보다도 중요하다. 구체적으로는 상품·서비스를 이용하는 상황을 직접 관찰하고 사용자와 대화하여 그들의 이야기를 듣는 것이 필요하다. 이 과정에서는 정량적인 데이터보다 정성적인 깨달음이 우선이다. '왜 그렇게 생각할까?'와 같은 질문을 통해 사용자의 심리적, 사회적, 문화적 요인을 이해하고 어떤 가치를 중시하고 있는지를 파악해야 한다.

Analysis(행동경제학적으로 분석하기)

다음 단계는 사용자의 행동과 감정에서 특유의 경향성을 찾아내는 것이다. 2장에서 다룬 바이어스와 관련하여 행동경제학적으로 살펴보면 사용자의 행동과 사고방식이 어떤 요인에서 비롯되었는지 분석할 수 있다. 사용자가 왜 특정한 생각을 하고 특정한 행동을 하는지에 대한 이해를 바탕으로 해결책을 모색한다.

Strategy(넛지 전략 설계하기)

Behavior와 Analysis를 통해 사용자 측면의 잠재적인 목적을 파악했다면, 다음 단계는 비즈니스 측면의 목적을 고려하는 것이다. 이를 위해 양측의 목적을 정리하고 목적의 이중성을 충족하는 아이디어를 모색한다. 이때 강제나 요청이 아닌, 사용자가 자연스럽게 선택할 수 있는 넛지의 방법론을 고려해야 한다. 사용자의 선택을 유도하는 것이 중요하다.

Intervention(넛지로 개입하기)

넛지 방식과 아이디어를 발견했다면, 상품·서비스의 어느 부분에 적용할 수 있는지 고민해야 한다. 이를 위해 반드시 비용을 들여야 하는 것은 아니며, 종종 전달하는 내용의 표현을 조금만 바꾸어도 사용자의 행동에 큰 변화를 불러올 수 있다. 만약 비즈니스 운영에 부담을 주는 방법이라면 높은 효과가 기대되더라도 지양해야 한다. 최소한의 시책으로 최대의 효과를 노려야 지속할 수 있다.

Change(넛지 효과 측정하기)

넛지 적용 후, 사용자의 행동이 어떻게 변화했는지를 분석해야 한다. 디지털 서비스는 데이터 수집이 비교적 쉽지만, 그 외는 고객과의 상호 작용을 관찰하거나 직접 사용자에게 피드백을 받아야 한다. 이를 통해 넛지 내용의 효과를 평가하고 필요에 따라 조정할 수 있다.

점검 방법

두 번째는 넛지를 평가하기 위한 체크리스트인 'EAST'를 소개하고자 한다. EAST는 영국의 BIT ^{Behavioral Insights Team}(행동통찰팀)에서 고안한 간단하면서도 사용자의 심리에 직접적으로 영향을 미치는 모델이다.

Easy(쉽게)

인간은 번거로움을 싫어하고 일을 쉽게 해결하려는 경향이 있다. 특히 휴리스틱이나 치트 같은 바이어스 또는 터치 효과 같은 상품·서비스의 친밀감이나 거리감과 관련이 있다. 비즈니스는 복잡하고 어렵게 생각하기 쉽지만, 사용자는 쉽고 편한 경험을 선호한다. 사용자 스스로 '이 정도쯤은 문제없다'고 느낄 만큼 쉬운 방법을 고안하자.

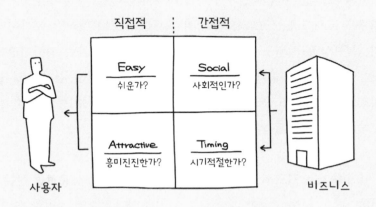

Attractive(흥미진진하게)

흥미는 인간 고유의 요소라고 할 수 있다. 아무리 뛰어나도 흥미를 끌지 못하면 사용자로부터 외면당하게 된다. 게이미피케이션이나 심리적 리액턴스를 활용할 수도 있다. 사용자에게 즐거운 경험을 제공하는 요소들을 어떻게 넛지로 적용할 수 있는지 고민해 보자.

Social(사회적으로)

상품·서비스를 제공하는 환경에서는 다양한 사회적 바이어스가 작용한다. 개인이라면 피어 효과, 사회적 선호, 권위, 반보성 등이 타인에 대한 배려 의식을 높인다. 집단이라면 허딩 효과, 밴드왜건 효과 등이 사회 규범 의식을 높인다. 또한 내집단과 외집단 사이의 거리감에 대한 의식도 이른바 '분위기 파악'이라는 심리적 특성에 영향을 미친다. 사용자가 상품·서비스 뒤에 있는 다른 사람의 존재를 의식하도록 유도하면 주변 환경에 대한 인식을 갖게 된다.

Timely(시기적절하게)

마지막으로는 시간적인 측면을 고려해야 한다. 현재 바이어스나 엔다우드 프로그레스 효과와 같은 시간 관련 요소나 앵커링, 프라이밍과 같은 상품·서비스 사용 시점의 순서 및 전후 관계는 의사결정과 행동에 큰 영향을 준다. 또한, 사용자의 현재 상태, 기분, 결단 등도 고려해야 한다. 사용자와 대화하고 피드백을 제공할 시기를 신중히 검토하는 등 타이밍을 의식해야 한다.

이처럼 검토 프로세스와 체크리스트 프레임워크를 사용하면 상품·서비스에 넛지를 도입할 때의 사고 과정을 체계적으로 정리할 수 있다. 그러나 프레임워크는 단순히 도구에 불과하다. 프레임워크에만 집중하다 보면 사용자가 진정으로 원하는 것이 무엇인지를 간과할 수 있다. 다시 한번 강조하지만, 사용자 관점에서 사고하는 것이 핵심이다.

넛지 2

사용자의 행동으로
연결하기

넛지를 구체화하는 방법을 크게 4가지로 분류해 소개한다. 사용자가
거의 무의식적으로 선택하게 하는 '디폴트', 사용자가 무심코 사용하고
싶어지는 '장치', 사용자가 자신의 행동을 의식하게 하는 '라벨링', 사
용자와의 협상을 통해 선택하게 하는 '인센티브'이다. 이러한 방법들의
차이점과 특징을 이해하고 상황에 맞게 적절히 활용해 보자.

50 디폴트
(무의식에 촉구)

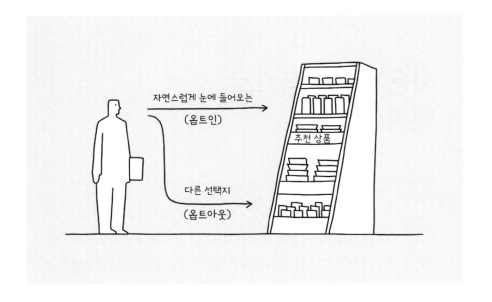

자연스럽게 눈에 들어오는
(옵트인)

추천 상품

다른 선택지
(옵트아웃)

Key Point

- 초기 설정된 디폴트 값을 바꾸지 않는 사용자가 많다.
- 디폴트는 사용자의 의사결정 비용을 낮추는 효과가 있다.
- 초기 설정을 선택하지 않는 옵션을 반드시 제공해야 한다.

구조적 특징

넛지 기법 중에서 가장 널리 알려진 '디폴트'는 별도로 설정하지 않은 초깃값을 의미한다. 즉 이미 선택된 상태로 만들어 놓는 것이다.

다른 나라의 사례를 보면, 장기 기증이나 개인연금 가입 동의를 디폴트로 설정했더니 가입률이 크게 상승했다. 반면, 가입을 원하면 직접 체크하는 방식으로 설정했을 때는 가입률이 상당히 낮아졌다. 이처럼 기본 설정을 어떻게 하느냐에 따라 사용자가 선택하는 결과가 크게 달라진다. 디폴트 설정은 다양한 상황에 활용된다.

- 일본의 신칸센 지정석은 자동으로 좌석이 배정되므로 표에 기재된 좌석에 앉으면 된다.
- 인기 메뉴는 메뉴판 앞쪽이나 중앙에 배치하여, 고객의 눈에 잘 띄게 한다.
- 담뱃갑에는 흡연의 해로움을 알리는 경고 문구가 표시되어 있다.
- 인터넷 쇼핑몰에서는 고객이 지금 보고 있는 상품과 관련된 상품을 추천해 준다.
- 뉴스레터 구독에 동의하는 옵션이 기본적으로 체크되어 있다.

디폴트를 설정할 때 반드시 지켜야 할 원칙은 사용자 선택의 자유를 보장해야 한다는 것이다. 위의 예시들은 모두 선택을 권장하고 있지만, 선택하지 않을 수도 있다. 신칸센의 좌석을 바꿀 수도 있고, 흡연이 해롭다고 경고하고 있지만 담배를 피울 수도 있다.

디폴트에서 선택적 허용 상태를 옵트인 opt-in (허용 옵션, 사용자 동의 시 허용)이라고 하고, 선택적 거부 상태를 옵트아웃 opt-out (거부 옵션, 사용자 거부 시 중단)이라고 한다. 사용자가 옵트인과 옵트아웃을 자유롭게 선택할 수 있도록 하는 것은 디폴트 설정의 필수 요소이다. 옵트아웃 방식을 채택한 경우에도, 사용자가 동의를 거부할 수 있는 방법을 제공해야 한다. 거절하기 어려운 상황을 만들거나 탈퇴 절차를 복잡하게 만드는 것은 넛지의 대전제에 위배된다.

디폴트는 행동을 유도하는 가장 간편한 넛지 기법이지만, 모든 사용자에게 공평하다고는 할 수 없다. 특정 옵션을 선택하도록 미리 설정해 놓는 것이므로 해당 옵션을 선호하는 사용자에게는 유리할 수 있지만, 다른 옵션을 선호하는 사용자에게는 불리할 수 있다. 예를 들어, 목록형 표시에서는 맨 위 항목이 가장 눈에 띄므로 선택될 가능성이 높고 아래 항목은 별로 주목받지 못한다. 이처럼 디폴트 설정은 위치, 순서, 콘텐츠 내용, 발신자 정보 등 다양한 바이어스에 영향을 받을 수밖에 없으므로 사용자의 선택권을 존중하는 것이 중요하다. 이를 위해 사용자에게 최대한 다양한 옵션을 제공하거나, 사용자의 선호를 파악하여 맞춤 설정을 제안하거나, 사용자가 자신의 필요에 따라 설정을 조정하고 변경할 수 있도록 하는 등의 방법을 고려해 볼 수 있다.

효과적인 이유

이유 1. 암시와 지시

디폴트 선택은 사용자에게 내용을 잘 아는 사람의 추천으로 인식되는 경향이 있다. 특히 자신이 잘 모르는 분야에 대해서는 이러한 의식이 더욱 강해진다. 레스토랑에 처음 방문하면 직원이 추천하는 메뉴를 긍정적으로 받아들이는 경우가 많은데, 여기에는 상대의 권위에 대한 과신과 다수파에 휘둘리는 허딩 효과 등의 바이어스가 작용한다. 그러나 이는 사용자가 공급자를 신뢰한다는 것을 전제로 한다. 의심이 생기면 오히려 심리적 리액턴스가 작용하여 사용자는 공급자 측의 의도와 반대되는 행동을 할 수 있다.

이유 2. 게으름과 미루기

습관을 바꾸는 것은 쉽지 않다. 이용하지 않는데도 구독을 해지하지 않고 방치하거나, '나중에 해야지'라며 미루는 사람이 많다. 우리는 하루 평균 35,000번의 의사결정을 내린다고 한다. 결정 횟수가 많을수록 그만큼 피곤해지기 마련이다. 디폴트 설정은 사용자의 의사결정 비용을 최소화하고 부담 없이 행동할 수 있도록 유도하는 장점이 있다. 여기에는 현재 상태를 바꾸고 싶지 않은 정상성 바이어스, 한번 결정하면 다 써버려야 한다고 생각하는 매몰 비용도 포함된다.

이유 3. 기준점과 손실 회피

디폴트를 없애는 선택을 하는 경우, 사용자는 '혹시 손해 보게 되지는 않을까?'라는 생각을 하게 된다. 앞의 [이유 1]과 연결되는 부분인데, 자신이 잘 모르는 상황에 대해서는 자신의 의지로 선택하는 것 자체에 위험을 느끼기 때문이다. 이때는 이득보다 손해를 더 크게 인식하는 프로스펙트 이론이 작용한다. 또한 선택에 따른 책임이 본인에게 있으므로 자신이 없을 때는 선택하지 않는 것이 더 편하다는 선택의 역설도 작용할 수 있다.

이유 4. 죄책감

사용자는 상대방의 감정을 고려하여 행동한다. [이유 3]과 마찬가지로, 디폴트를 해제하는 행위는 상대방이 제공한 편의를 거절하는 것으로 느껴질 수 있다. 여기에는 서로 간의 관계에서 형성된 호의의 반보성, 상대방을 배려한 선택을 하게 되는 사회적 선호와 호감도도 관련되어 있다.

51 장치
(자연스러운 유도)

Key Point

- 재미있는 장치를 제공하면 사용자는 무심코 시도하고 싶어진다.
- 아이디어에 따라 적은 투자로도 큰 효과를 기대할 수 있다.
- 사용자가 쉽게 흥미를 잃고 싫증을 느낄 수 있으므로 오래 지속 되기 어렵다.

구조적 특징

장치는 사용자가 무심코 행동하고 싶어지도록 유도하는 방법이다.

독특하고 흥미로운 장치를 활용하면 사용자의 관심을 끌 수 있다. 일반적으로 상품·서비스에 대한 불만이나 문제가 발견되면 문제 해결에만 집중하는 마이너스 제로화 사고에 빠지기 쉽다. 그러나 장치를 통해 독특한 해결책을 구상하면 사용자의 흥미를 유발하고 마이너스를 플러스로 반전시킬 수 있다.

장치는 디폴트 설정에 비해 사용자 선택의 여지가 넓다. 대표적인 사례로 꼽히는 남성 소변기의 파리 스티커는 사용자의 주의를 끌어 무심코 파리를 맞추게 만드는 것이다. 이 외에도 독특한 아이디어로 사용자에게 재미를 주는 장치 사례가 많다.

- 시각적 장치: 쓰레기통 구멍 모양으로 분리배출을 유도한다.
- 청각적 장치: 피아노 건반을 형상화한 계단으로 밟으면 소리가 난다.
- 시각적 장치: 책을 번호 순서대로 정렬하고 싶게 만드는 책등 표지 디자인(시리즈 만화책에서 흔히 볼 수 있다)
- 물리적 장치: 삼각형 두루마리 화장지는 돌리면 각도에 따라 멈추므로 소비량을 줄일 수 있다.
- 심리적 장치: 쓰레기 불법 투기 현장에 설치한 미니 신사 기둥문은 일본인의 신성에 호소하는 독특한 아이디어로 효과를 보았다.

사용자에게 자연스럽게 작용하는 방법을 알아보기 위해 몇 가지 연구와 디자인 사례를 살펴보고자 한다. 각각의 특성이 있지만, 여기서는 '하고 싶게 만든다'는 공통점에만 주목하기로 하자. 제품 디자이너인 후카자와 나오토深澤直人는 'WITHOUT THOUGHT'라는 생각을 바탕으로 '사람들이 무심코 취하는 자연스러운 행동'에 초점을 맞추고 제품을 디자인한다.

인지과학자 도널드 노먼 Donald A. Norman 은 '시그니파이어 signifier'라는 개념을 제시했다. 이는 건널목에서 적색등은 멈추고 녹색등은 건너라는 신호인 것처럼 사용자가 어떤 행동을 해야 하는지 알려주는 단서를 말한다. 인공지능 연구자 마츠무라 나오히로 松村真宏 는 무심코 선택하고 싶어지는 이유를 '장치학'이라는 이론으로 체계화했다. 사용자의 행동을 유도하는 데 있어 장치를 사용하는 원리를 설명한다.

이러한 연구와 이론을 토대로 장치를 디자인할 때는 행동을 유도하는 아이디어를 구체화하는 것이 중요하다. 예를 들어, 손잡이 모양으로 문을 밀지 당길지 판단하게 돕고, 엘리베이터 개폐 버튼은 사용자가 직관적으로 쓰임을 알아차릴 수 있다. 또한 도로 경사선은 사용자가 감속을 의식하게 만들어 안전 운전을 유도한다. 이러한 디자인은 사용자에게 많은 생각을 하지 않고도 즉각적으로 반응하고 행동으로 연결하는 아이디어를 제공한다.

장치의 장점은 첨단 기술을 사용하지 않고도 적은 투자로 큰 효과를 얻을 수 있다는 점이다. 남자 소변기에 파리 스티커 한 장만 붙이면 되므로 소재 개발 비용이 저렴하고 청결에 기여하므로 청소비가 절감된다. 아이디어에 따라 장점을 활용할 수 있는지가 결정된다고 해도 과언이 아니다. 그러나 장치에도 단점이 있다. 아무리 재미있는 물건이라도 반복해서 사용하다 보면 매력이 반감되고 싫증 나게 된다. 이런 단점을 극복하려면 창의적인 아이디어와 다양한 변화가 필요하다.

문제 해결 방법을 편의성이나 효율성과 같은 스펙 관점에서만 고민하다 보면, 무심코 행동하고 싶어지는 기발한 아이디어가 잘 떠오르지 않는다. 장치 이론을 정리한 마츠무라 나오히로는 저서 《행동을 디자인하다》를 통해, 아이디어를 구상할 때는 기존의 사례나 유사성을 참고하거나 아이들과 사용자의 행동을 관찰하는 방법을 추천한다. 특히 아이들은 구멍이 있으면 들여다보고, 나사가 있으면 돌려보는 등 재미있다고 느끼면 즉각적으로 반응하는 특성이 있다. 방법론에 지나치게 얽매여 복잡하게 생각하기보다는 직관적으로 느끼고 솔직하게 반응하는 아이들의 행동에서 아이디어를 도출해 보자.

효과적인 이유

이유 1. 오락성

무엇보다 사용자가 즐겁게 사용할 수 있다는 점이 장치의 가장 큰 특징이다. 남자 소변기의 파리 스티커, 구멍 모양으로 분리배출을 인식시키는 쓰레기통과 같은 아이디어는 사용자가 적극적으로 행동하고 싶게 만드는 데 기여한다. 이러한 효과는 게이미피케이션이라는 개념과 함께 DIY 효과나 상대가 있으면 경쟁하고 싶어지는 피어 효과 등과도 연결된다. 그러나 내발적 동기가 중요하기 때문에 상품·서비스에 보상 요소를 포함할 때는 언더마이닝 효과(내발적 동기가 보상 이후 감소하는 부작용)에 빠지지 않도록 주의해야 한다.

이유 2. 몰입성

장치를 세심하게 고안할수록 조작 오류나 기대 오차에 따른 스트레스가 줄어든다. 또한, 사용자가 의식하지 않고도 자연스럽게 사용할 수 있다면 조작이 번거로워 보이지 않을 것이다. 중요한 것은 사용자가 어느새 장치에 매료되어 사용하게 된다는 점이다. 터치 효과로 계속 만져보고 싶어지는 경험이나 참여할수록 즐거워지는 엔다우드 프로그레스 효과, 그리고 사용자의 의존성을 유발하지 않는 범위 내에서 갬블러의 오류 등을 활용하여 사용자 스스로 좋아서 행동하는 환경을 조성할 수 있다.

이유 3. 윤리의식

행위를 그만두고 싶은 욕구를 불러일으킬 때도 장치가 효과적인 기법이 될 수 있다. 일본에서 쓰레기 불법 투기를 억제하기 위해 미니 신사 기둥을 활용한 아이디어는 사용자의 윤리의식에 호소하는 대표적인 방법이다. 이러한 방법론에는 사회 규범을 의식하게 하는 사회적 증거나 방관자 문제, 주변 시선을 의식하게 되는 시뮬라크르 현상, 자기 행동을 정당화시키고 싶어지는 인지적 부조화, 기시감이 있으면 경험치로 판단하는 휴리스틱 등을 활용할 수 있다.

52 라벨링
(의도적인 자극)

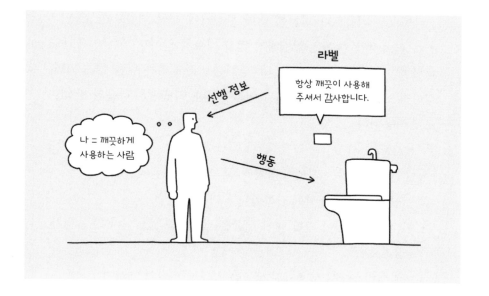

Key Point

- 미리 단정된 내용에 따라 행동하게 만든다.
- 특히 사용자가 잠재적으로 행동을 바꾸고 싶어 할 때 유용하게 사용될 수 있다.
- 편견을 조장하고 선입견을 강요하는 데 사용하면 안 된다.

구조적 특징

라벨링은 사용자들에게 바람직한 이미지를 심어주어 특정 행동을 유도하는 효과가 있다. 예를 들어, 공공 화장실에 '항상 깨끗하게 사용해 주셔서 감사합니다'라는 안내문이 붙어 있으면, 사용자들은 '깨끗하게 사용하는 사람'이 되는 것에 대한 긍정적인 인식을 형성하게 된다. 이러한 라벨링은 선택의 여지를 열어두면서도 사용자의 행동에 간접적으로 영향을 미친다.

라벨링은 디폴트나 장치에 비해 사용자에 대한 개입도가 조금 더 높은 편이지만, 행동을 강제하지 않고 따르지 않아도 되는 선택권도 보장한다. 그러나 누군가로부터 '당신은 ~군요'라는 말을 듣게 되면, 심리적으로 다르게 행동하기가 어려워진다. 라벨링은 다음의 방식으로도 사용된다.

- '인기 1위'라는 라벨이 붙은 제품 진열대
- '항상 이용해 주셔서 감사합니다'라는 문구
- '대다수 국민이 기한 내에 세금을 납부하고 있습니다'라는 납세 장려 문구
- 웹 서비스에서 사용자의 행동을 칭찬하는 팝업 메시지

라벨링은 사용자의 행동을 촉진하는 계기를 제공하는 효과가 있다. 예를 들어, 자동차를 운전할 때 내비게이션이 '장시간 운전에 피곤하시죠? 잠시 쉬었다 가면 어떨까요?'라고 제안하면 사용자는 휴식을 취할 수 있는 계기가 생기기 때문에 행동 변화에 대한 의식을 깨울 수 있게 된다. '장시간 운전에 피곤하시죠?'라는 한 문장으로 사용자가 피곤한 상태임을 라벨링하고 있기 때문이다.

그러나 라벨링은 일방적으로 단정한 조건이므로 사용에 주의해야 한다. 라벨링의 개념은 원래 집단 규칙에서 벗어난 사람, 즉 사회적으

로 부적합한 사람으로 낙인찍힐 경우 사회 적응이 더 어려워진다는 점에서 문제가 제기되었다. 예를 들어, 인종 차별적 편견에서 비롯된 의심의 라벨링이 당사자와 주변인뿐만 아니라 사회에 악영향을 미치고 있는 것은 이미 세계 곳곳의 뉴스를 통해 알려져 있다. 사용자를 고정관념으로 단정하거나 계층 구조에 따라 구분 짓는 행위는 매우 주의해야 한다.

라벨링이 사용자의 의식과 행동을 더욱 부추기는 경우도 있다. 내집단과 외집단에서 다룬 실험을 다시 떠올려보자. 여성에 대한 의식을 강화하면 수학 성적이 떨어지고, 아시아인에 대한 의식을 강화하면 수학 성적이 올라갔다는 결과가 나왔다. 이처럼 라벨링을 통해 효과를 높이는 작용을 '피그말리온 효과'라고 하고, 반대로 동기를 떨어뜨리는 작용을 '골렘 효과'라고 한다. 넛지는 사용자를 더 나은 방향으로 유도하기 위한 수단이기 때문에 피그말리온 효과를 목표로 하는 것이 전제되어야 한다.

효과적인 이유

이유 1. 선행 정보

사용자는 먼저 접한 정보에 강한 영향을 받는다. 다른 사람이나 환경이 어떤 대상에 대해 긍정적인 라벨을 붙이면 사용자의 인식도 그에 따라 변할 수 있다. 이는 앵커링이나 프라이밍에 의한 기준점 설정, 표현 방식에 따라 인상이 바뀌는 프레이밍 효과, 주변 환경에 영향을 받는 허딩 효과 등으로 설명될 수 있다. 디자인에 라벨링 요소를 적용할 때는 사용자가 생각하거나 행동하기 전에 미리 메시지를 전달할 타이밍을 찾는 것이 중요하다.

이유 2. 인과관계

사용자는 생각·행동과 결과가 일치하지 않을 때 불편함을 느끼며 자신에게 유리한 방향으로 해석하고자 한다. 이는 이 약은 비싸니까 효과가 있을 거라고 믿는 플라시보 효과, 이미 사용했으니 나쁘지 않을 거로 생각하는 인지부조화, 원인과 결과를 연결하려는 회상 바이어스나 일관성 등의 개념과 관련이 있다. 사용자는 이미 사용한 상품·서비스에 대해 긍정적인 라벨이 붙어 있으면 그와 더불어 기대와 인식도 높아질 수 있다.

이유 3. 주변의 기대

사용자는 안심할 수 있는 상황에서 편안함을 느끼므로 마음의 여유가 있을수록 주변인이나 사회와의 연결을 강하게 의식하게 된다. 라벨링은 주변의 기대에 부응하여 자신을 좋은 사람이라고 생각하게 만드는 효과가 있다. 여기에는 타인을 의식하고 배려하는 사회적 선호, 의식적으로 주변 상황에 동조하는 사회적 증거, 서로 연결되는 내쉬 균형 등이 관련되어 있다. 다만 주의할 점도 있다. 편견이나 차별, 배제의 메시지로 내집단과 외집단을 의식하게 만드는 라벨링은 사회 분열을 조장할 수 있다. 따라서 라벨링은 긍정적이고 포용적인 메시지로 사용되어야 하며 함께 발전하고 번영할 수 있는 환경을 조성하는 데 기여해야 한다.

53 인센티브
(보상으로 유인)

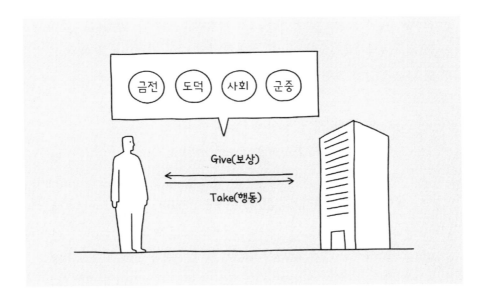

Key Point

- 금전뿐만 아니라 명예, 인정 등 비금전적 요소도 인센티브가 된다.
- 인센티브에 대한 반응을 보고 상대방의 속마음을 유추할 수 있다.
- 인센티브를 받기 위해 부정적인 행동을 하는 사람은 항상 있다.

구조적 특징

넛지는 무의식적으로 행동을 유도하는 것이 이상적이지만, 사용자
가 자발적으로 선택하고 행동하도록 유도하기 위해 인센티브(보상)

설계가 필수적이다. 사용자가 선택을 고민하는 대신에 특정 선택을 하도록 자연스럽게 유도하는 방법을 알아보자.

인센티브는 직접적이고 명시적인 의사(표명 선호)와 간접적이고 자각하지 못하는 무의식적인 의사(현시 선호)에 모두 작용할 수 있다. 금전적 보상을 원하는 경우에는 직접적으로 이를 인식하기 쉽지만, 인정 욕구와 같은 비금전적인 요소는 파악하기 어렵다. 인센티브 동기는 크게 4가지로 나뉘는데, 에너지 절약에 대한 인센티브를 예로 들면 다음과 같이 표현할 수 있다.

- 금전적 인센티브: 비용이 절약된다.
- 도덕적 인센티브: 환경보호에 도움이 된다.
- 사회적 인센티브: 사람들로부터 인정받는다.
- 군중심리적 인센티브: 모두가 실천하고 있다.

비즈니스에서는 주로 금전적 인센티브에 주력하지만 실제 사회에서는 다른 세 가지가 더 강력할 수 있다. 유명한 사회심리학 서적《설득의 심리학》의 저자 로버트 치알디니 Robert B. Cialdini는 소비 전력 절감을 유도하기 위해 인센티브 문구를 바꿔가며 사람들의 반응을 측정했다. 그 결과 가장 효과가 좋았던 문구는 '이웃과 함께 에너지 절약을 실천합시다'였다. '이웃'이라는 말을 통해 집단에 속하면 안심이지만, 집단에 속하지 않으면 불안하다는 심리에 작용한 것이다.

인센티브와 반대로 제재를 가할 때도 4가지 보상은 사람들의 심리나 행동에 영향을 미친다. 한 어린이집에서는 정해진 하원 시간 보다 늦게 아이를 데리러 올 경우 연장 보육료를 벌금으로 부과하는 시스템을 도입했다. 그 결과 부모들은 연장 보육료를 내면 되니 늦어도 괜찮다고 인식하게 되었고 결과적으로 늦는 부모가 더 많아져 버렸다. 이는 금전적 인센티브와 다른 세 가지 인센티브의 차이를 잘 보여주는 사례라고 할 수 있다.

기부와 같은 이타적 행위에도 인센티브 효과가 있다. 구순구개열 환자들의 수술을 지원하는 단체인 '스마일 트레인'은 기부자들의 선의에 호소하되, '지금 기부하면 다시는 기부를 부탁하지 않겠다'는 안내문을 내건 적이 있었다. 그리고 그해 기부율을 높이는 데 성공했다. 정기 후원을 희망하는 사람들뿐만 아니라 일시적으로 기부하고 싶은 사람들도 높은 비율로 늘어났다.

또한 인센티브는 상대방의 진심을 끌어내는 데에도 사용할 수 있다. 미국 온라인 신발 및 의류 소매업체인 Zappos는 직원들이 신입 연수를 마치자마자 한 달 치 급여를 받고 그만둘지, 계속 일할지를 자발적으로 선택하는 제도를 도입했다. 이는 금전적 인센티브와 사회적 인센티브를 저울질하는 테스트로 볼 수 있다. Zappos는 사내 문화를 중시하는 기업으로 알려져 있기 때문에 단기적인 이익에 강하게 동기 부여 되는 사람을 원하지 않는다. 직원 역시 자신의 가치관과 회사의 가치관을 고려하여 선택할 수 있으며 어느 쪽을 선택하든 직원과 회사 모두에게 바람직한 결과가 되는 셈이다.

한편 인센티브를 받기 위해 부정적인 행동을 하고 교묘히 책임을 회피하는 사람이 반드시 나오기 마련이므로 인센티브를 설계할 때 주의가 필요하다. 문제를 해결하기 위해 시행한 인센티브 정책이 되려 상황을 심각하게 악화시킨 사례로 인도의 '코브라 효과'를 들 수 있다. 1800년대, 영국 정부는 인도에서 코브라를 박멸하기 위해 코브라를 잡으면 포상금을 지급하는 정책을 시행했다. 그 결과 개체 수는 감소했지만, 시스템의 허점을 이용해 포상금을 노리고 코브라를 사육하는 사람들이 생겨났다. 심지어 포상금 지원이 중단되자 사육되던 코브라들이 야생으로 풀려나면서 전보다 개체 수가 증가하는 결과를 초래했다. 이처럼 시스템의 허점을 악용하여 역효과를 초래하는 사례는 정부 정책이나 환경 문제 등에서 종종 발생한다. 따라서 인센티브를 설계할 때는 사용자를 과신하지 말고 신중해야 하며, 사용자들의 부정적인 행동 가능성을 방지하기 위한 적절한 대책을 반드시 마련해야 한다.

효과적인 이유

이유 1. 기회 손실

인센티브는 제시된 조건에 대해 손해를 보지 않으려는 경향이 강할 때 작동한다. 사용자는 교환 조건이 유리하거나 위험이 적다고 느끼면 인센티브에 더 민감해진다. 이러한 현상은 프로스펙트 이론 및 희소성과 관련이 있으며, 시간적인 측면을 고려할 때 지금 교환하지 않으면 손해를 본다는 현재 바이어스도 영향을 준다.

이유 2. 군중심리

주변 사람들이 특정 행동을 하고 있다는 조건이 선택에 영향을 미치는 경우가 있다. 이는 허딩 효과나 밴드왜건 효과와 관련이 있다. 사용자가 집단에 속해 있다면 사회적 인센티브나 군중심리적 인센티브를 의식하게 된다. 예를 들어, 다른 사람들이 줄을 서 있을 때, 자신도 행렬에 합류하면 희소한 기회를 얻을 수 있다고 생각하거나, 다수파에 속하면 자신이 눈에 띌 일이 없다고 생각하며 안도감을 얻을 수 있다.

이유 3. 자기변호

습관이나 의식을 바꾸기 힘들고 주변의 조언에 귀 기울이지 않을 때, 인센티브 교환 조건을 제시하면 감정을 잠시 보류하고 냉정하게 자신의 행동을 돌아볼 수 있는 계기가 된다. '밤에 쓴 연애편지'에서 소개한 사례처럼 자기변명이 가능한 감정선과는 다른 선택지를 사용자에게 제시하는 것이 효과적이다.

이유 4. 등가교환

인센티브는 교환 조건으로 이루어지기 때문에 대등한 관계여야 한다. 사용자가 권위나 반보성 등을 느끼고 상대에게 조종당하고 있다고 생각하면 반발하고 싶은 심리적 리액턴스가 작용한다. 또한, 금전적 인센티브는 다른 형태의 보상에는 무관심해지는 언더마이닝 효과를 유발할 수 있으므로 인센티브를 설계할 때 사용자의 내발적 동기나 가치에 미치는 영향을 고려해야 한다.

넛지 3

실전 디자인 요령

마지막으로 디자인 관점에서 행동경제학을 상품·서비스에 적용하는 방법을 다루고자 한다. 디자인에는 다양한 전문 영역이 있지만, 행동경제학은 모든 디자인 영역을 넘나들며 바이어스와 넛지의 메커니즘을 적용할 수 있다. 가장 쉽게 접할 수 있는 텍스트부터 비주얼, 제품, 화면 조작, 장소와 접객, 그리고 비즈니스 전략과 마음가짐까지 디자인 방법론으로 살펴보자.

54 텍스트

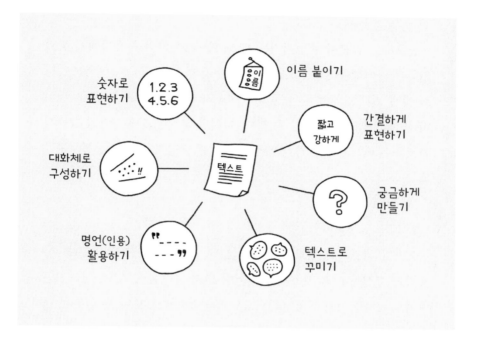

텍스트는 사용자와의 소통을 원활하게 하는 중요한 매개체이자 정보 전달의 핵심이라고 할 수 있다. 언어를 다루는 전문가들이 인상적인 메시지를 창조하기 위해 다양한 분야에서 활약하고 있다. 전문가의 작품에서 영감을 얻고 전달 방식에 창의성을 더해 보자.

디지털 전환이 가속화되면서 텍스트를 접할 기회가 많아졌고 긴 문장에 대한 거부감이 줄어들었다. 음성 미디어나 음성 조작도 텍스트 사용법이 발전된 형태이다. 이러한 변화 속에서 텍스트를 작성할 때는 감성을 자극하고 착 달라붙는 '점착성粘着性'을 염두에 두어야 한다. 정보의 정확성보다는 사용자의 감정적 반응을 의식한 텍스트를 궁리해야 강한 인상을 남기고 기억에 오래 남을 수 있다.

디자인 1. 대화체로 구성하기

친근하고 인간미가 느껴지는 텍스트를 사용하여 사용자에게 동료 의식을 불어넣을 수 있다. 불특정 다수가 아닌 지금 눈앞에 있는 '당신'에게 건네는 말투를 사용하면 사용자가 자신을 주인공으로 느끼며 메시지에 더욱 집중할 수 있다. 이러한 방식은 사용자와의 감정적 연결을 강화하고 사용자가 텍스트에 대한 긍정적인 인식을 형성하는 데 도움이 된다.

디자인 2. 숫자로 표현하기

숫자는 객관적인 정보를 전달하는 데 유용한 도구지만, 숫자를 사용하는 방식에 따라 사용자의 인식이 크게 달라질 수 있다. 상대적인 수치로 보여줌으로써 긍정적으로도 부정적으로도 보일 수 있고 손익의 감정을 부추길 수도 있다. 숫자의 또 다른 장점으로 텍스트를 읽지 않고도 빠르게 정보를 파악하고 판단할 수 있다는 가시적 특성을 들 수 있다.

디자인 3. 간결하게 표현하기

세상에는 훌륭한 캐치프레이즈가 수없이 많다. 캐치프레이즈는 비전문가가 다루기 어려운 분야지만, 잘 활용하면 장황한 설명 없이도 인상적인 메시지를 전달할 수 있다. 기획서나 제안서를 작성할 때도 캐치프레이즈로 핵심을 간결하게 표현하면 상대방의 관심을 끌 수 있다. 인상에 남는 캐치프레이즈는 정보 전달의 효과를 극대화하고 상대방의 이해도를 높인다.

디자인 4. 명언(인용) 활용하기

익명의 메시지보다는 널리 알려진 인물의 메시지가 설득력이 높다. 명사의 명언이나 유명인의 발언은 상품·서비스의 가치를 높인다. 그러나 과도한 사용은 피해야 하며 필요한 때에 적절하게 사용하는 것이 중요하다.

디자인 5. 이름 붙이기

특정 상품·서비스를 정의하는 용어를 만들어내면 사용자에게 새로운 유행을 소개하고 관심을 집중시킬 수 있다. 예를 들어, '아메카지(American+casual의 일본식 합성어: 미국풍의 캐주얼을 일본식으로 재해석한 스타일)'라는 용어를 인식시킴으로써 패션, 라이프스타일 등 관련 상품·서비스를 사용자에게 강력하게 어필할 수 있었다. 많은 사람에게 정착시키기 위해서는 기억에 남고 유추하기 쉬운 용어 선택이 필수적이다.

디자인 6. 텍스트로 꾸미기

같은 내용이라도 전달 방식에 따라 긍정적으로도 부정적으로도 느껴질 수 있다. 장점을 강조하고 이유를 설명함으로써 사용자를 설득할 수도 있고 숫자와 함께 사용하여 매력적으로 전달할 수도 있다. 텍스트를 꾸미는 것은 사용자에게 다양한 인상을 줄 수 있는 중요한 요소이다.

디자인 7. 궁금하게 만들기

사실적인 정보를 제공하는 것보다 궁금증을 유발하거나 의문을 제기하는 쪽이 사용자의 흥미를 끌기 쉽다. 텍스트에 억양이나 감정을 넣어 함께 전달함으로써 사용자의 호기심을 자극할 수도 있다. 특히 시작부터 임팩트 있는 질문을 던질 수 있다면 사용자를 논의의 장으로 끌어들일 수 있다.

55 비주얼

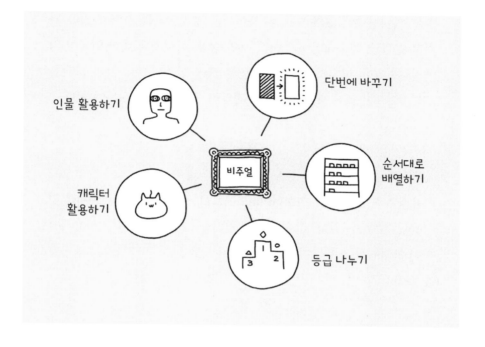

비주얼 표현은 종이 매체부터 TV나 스마트폰 화면 등 다양한 장면에서 사용자와의 소통 수단으로 활용된다. 비주얼의 장점은 텍스트를 읽지 않아도 정보가 즉각적으로 전달되어 사용자의 빠른 행동을 유도하는데 기여한다는 점이다.

그러나 저마다의 인상과 해석이 다르기 때문에 의도한 대로 정확히 전달하기 어려울 수도 있으며 때로는 오해를 불러일으킬 수도 있으므로 신중해야 한다. 여기서는 심미적 표현 방법보다 사용자에게 인상을 남길 수 있는 디자인 아이디어를 중심으로 탐구해 보자.

디자인 1. 인물 활용하기

포스터나 광고에 인물이 등장하면 사용자는 그 상대를 의식하고 주목하는 경향이 있다. 인물은 사용자를 끌어당기는 강력한 힘을 가지고 있지만, 인물에만 집중하다 보면 상품·서비스에 대한 인상이 약해질 수 있다. 따라서 인물을 활용할 때는 상품·서비스와의 조화를 고려하여 사용자에게 자연스럽게 전달될 수 있도록 구성해야 한다.

디자인 2. 캐릭터 활용하기

캐릭터는 사용자에게 강한 인상을 심어줄 수 있는 표현 방법으로 사용자와의 유대감을 형성하고, 브랜드나 제품에 대한 긍정적인 인식을 증진할 수 있다. 그렇다고 캐릭터를 남발하기보다는 사용자가 특히 어려워하는 부분이나 심리적 거리감을 느끼는 영역에서 친근하게 다가갈 수 있는 디자인을 제공하는 것이 바람직하다.

디자인 3. 등급 나누기

등급을 나눌 때 색상, 로고, 디자인 등을 활용하여 특별함과 위상을 연출할 수 있다. 신용카드의 경우 실버, 골드, 플래티넘으로 등급을 나누고 색상이나 디자인을 달리하여 사용자에게 특별함을 전달하고 있다. 사용자들은 등급이 올라갈수록 심리적 만족감을 느끼며 충성도가 높아진다.

디자인 4. 순서대로 배열하기

레이아웃의 구성에 따라 사용자의 시선 이동 패턴이 달라진다. 대다수의 사용자는 가로로 구성된 전단이나 웹페이지를 볼 때 시선이 왼쪽에서 오른쪽, 위에서 아래로 이동한다. 특히 시작 지점과 마지막 지점에 위치한 정보는 사용자에게 강한 인상을 남기는 효과가 있다. 이를 활용하여 중요한 정보를 배치하면 사용자의 관심을 집중시킬 수 있다.

디자인 5. 단번에 바꾸기

긴 문장이나 텍스트보다는 비주얼 표현이 사용자에게 더 강력한 인상을 남길 수 있다. 특히 상황이 급변하거나 중요한 경고를 전달해야 할 때는 비주얼을 활용하여 분위기를 단번에 전환하고 사용자의 주의를 끌어야 한다. 이를 통해 사용자들은 즉각적인 행동을 취하도록 유도된다.

56 제품

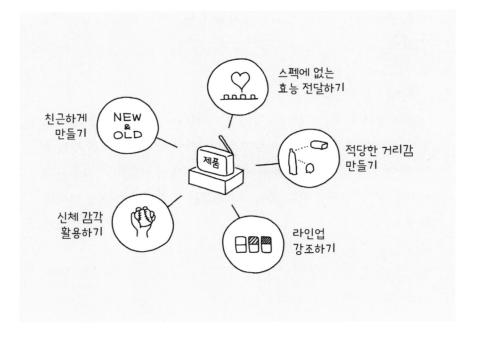

친근하게
만들기

NEW
&
OLD

스펙에 없는
효능 전달하기

적당한 거리감
만들기

신체 감각
활용하기

제품

라인업
강조하기

물리적으로 만질 수 있는 제품은 사용자에게 다양한 감정을 불러일으키는 힘이 있다. 제품의 외관, 디자인, 소재 등에서 아름다움과 매력을 느끼고 사용하기 편하다는 인상을 주는 것뿐만 아니라, 친밀감과 애착을 불러일으키고 계속 사용하다 보니 익숙해지는 느낌에도 주목할 필요가 있다.

디지털 서비스는 접점이 많음에도 사용자와의 유대감 형성이 쉽지 않다. 그에 비해 사물은 사용자와 물리적으로 밀도 높은 접점을 만들 수 있다. 사용자가 제품을 만질 때 느끼는 감각적인 경험은 강력한 감정을 유발하며, 이는 제품에 대한 애착이나 충성도로 이어질 수 있다.

사람과 사물의 관계를 감성의 관점에서 바라본다면 사용자가 제품과의 상호작용을 통해 특별한 경험을 느끼고 긍정적인 감정을 형성하도록 유도하는 아이디어가 떠오를 것이다. 단순한 도구가 아니라 사용자의 삶에 의미 있는 부분으로 자리 잡을 수 있는 제품은 그렇게 탄생한다.

디자인 1. 친근하게 만들기

사용자들은 독자성이 강한 상품·서비스에 거부감을 느끼는 경향이 있다. 그러나 일부라도 기시감이 느껴지는 요소가 있다면 친근함을 느끼게 된다. 예를 들면, 기존 제품과 동일한 사용법, 추억을 떠올리게 하는 요소, 편안하게 사용할 수 있는 클래식한 테마 등이 있다. 사용자가 자신의 감성을 담을 수 있는 여지가 약간 있는 정도가 딱 적당할지도 모른다.

디자인 2. 신체 감각 활용하기

사용자들은 제품이 자신의 신체 감각에 적합한지에 관심이 많다. 자동차를 운전하거나 스포츠 장비를 사용하거나 PC 마우스를 조작하는 등 사용 방식이 사용자의 신체 감각에 적합할수록 애착이 커진다. 지속적인 사용을 통해 숙련도를 높이고 해당 분야를 통달할 수준으로 능력을 키워나가면서 제품을 사용할 때의 수고조차도 행복으로 느끼게 된다.

디자인 3. 라인업 강조하기

일관된 정책을 고수하면서도 시리즈를 모으면 더욱 매력이 상승하는 제품은 사용자의 수집 욕구를 자극하고 브랜드에 대한 충성도를 높인다. 먼저 제품의 고유성을 강조하고, 한 제품군 내에서 공통성과 다양성을 동시에 확보하는 것이 사용자의 호감을 얻는 열쇠가 된다.

디자인 4. 적당한 거리감 만들기

사용자와 제품 사이의 거리감은 사용자 경험에 큰 영향을 미친다. 가까운 관계의 친근함을 느끼게 하는 것이 바람직할 수도 있지만 때로는 눈치채지 못할 정도의 거리를 유지하며 주변에 자연스럽게 녹아들게 하는 것이 더 좋을 수도 있다. 예를 들어, 사용자와의 접촉이 잦은 제품은 부드러움이나 사랑스러움 같은 생명체와 유사한 디자인 요소가 요구되지만, 시스템 에어컨처럼 직접적으로 접촉할 일이 거의 없는 제품은 생명력이 느껴지지 않은 디자인이 더 적합할 수 있다.

디자인 5. 스펙에 없는 효능 전달하기

제품의 편의성과 효율성에만 집중하다 보면 가격이나 성능과 같은 스펙 경쟁에 치우치기 쉽다. 그러나 애플이나 스타벅스와 같이 세계적으로 성공한 많은 제품은 스펙에 반영되지 않는 매력을 지니고 있다. 따라서 제품의 외형, 기능, 조작성 등에서도 정서적 공감과 호감을 불러일으키는 요소를 도입하는 것이 중요하다. 제품은 사용자와 물리적으로 밀도 높은 접점을 만들 수 있다. 사용자가 제품을 만질 때 느끼는 감각적인 경험은 강력한 감정을 유발하며, 이는 제품에 대한 애착이나 충성도로 이어질 수 있다.

57

화면 조작

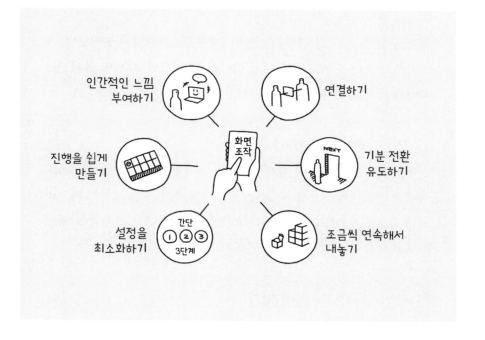

인간적인 느낌 부여하기 / 연결하기 / 진행을 쉽게 만들기 / 화면 조작 / 기분 전환 유도하기 / 설정을 최소화하기 / 간단 ① ② ③ 3단계 / 조금씩 연속해서 내놓기

　화면 조작 기능을 활용하여 PC와 스마트폰을 사용하는 사용자의 감정에 영향을 미칠 수 있다. 화면 조작은 정보 표시와 함께 상호작용 기능도 겸비하고 있다. 이를 기계와의 상호작용이 아닌 사람과 사람 간의 관계로 치환하면, 화면 조작은 두 사람의 상호작용을 중개하는 상황이라고 볼 수 있다. 실리적인 목적 달성 욕구를 포함하여 사용자는 화면 조작 중에 감정이 수반된다.

게임이나 엔터테인먼트 분야에서 화면 조작 디자인에 관한 많은 아이디어를 얻을 수 있다.

디자인 1. 진행을 쉽게 만들기

최초 가입 시점이나 로그인과 동시에 포인트를 제공하면 사용자의 의욕이 높아진다. 선택과 변경이 자유롭되, 기본 항목이 디폴트 세팅되고 추천 항목도 제시되면 진행 여부에 대한 망설임이 줄어든다. 게임에서도 초반에 비교적 쉽게 클리어할 수 있으면, 레벨이 올라가는 재미를 느껴 계속 플레이하고 싶어진다.

디자인 2. 설정을 최소화하기

사용자는 일반적으로 귀찮은 설정을 싫어한다. 최소한의 설정으로 최대한 간편하게 사용할 수 있는 것이 좋다. 사용자를 고민에 빠트리고 혼란스럽게 만드는 선택지는 최소화하고, 최대한 편안하게 행동하고 조작할 수 있도록 문턱을 낮춰야 한다.

디자인 3. 조금씩 연속해서 내놓기

사용자에게 최대한 짧고 쉬운 조작으로 즉시 결과를 제공하면, 다음에 대한 기대감을 높일 수 있고 부담 없이 조작을 이어가게 된다. 그러나 이 전략을 남용하면 사용자가 중간에 멈출 수 없는 의존적인 상황에 빠질 수 있으므로 적절한 시점에서 조작을 멈추게 하는 장치를 마련해야 한다.

디자인 4. 기분 전환 유도하기

사용자의 몰입 상태를 해제하고 다른 행동으로 유도하려면 먼저 의식을 환기해야 한다. 화면 배경색을 변경하거나 새로운 아이콘을 추가하여 화면 구성을 바꾸는 방법도 있고, 팝업 메시지나 알림 사운드를 통해 새로운 정보를 제공하여 사용자의 관심을 다른 방향으로 이끌 수도 있다.

디자인 5. 연결하기

온라인 환경에서는 현실 상황을 초월한 접점을 만들 수 있다. 매칭이나 라이브 전송과 같은 기능을 통해 연결의 기회를 제공하면 사용자들은 적극적으로 참여하게 된다. 연결된 후에는 친근한 반응과 적극적인 피드백으로 편안함과 유대감을 조성하면 사용자의 지속사용의도를 높일 수 있다.

디자인 6. 인간적인 느낌 부여하기

온라인 화면에서는 인간미가 느껴지는 정서를 전달하기 어렵기 때문에 사용자에게 냉정하거나 무례한 느낌을 줄 수 있다. 이를 해결하기 위해 조작 화면에서 비인간적인 요소를 최소화하고, 친근한 말투나 상호작용을 추가하는 것이 좋다. 이러한 노력은 사용자들이 서비스에 더욱 쉽게 접근하고 상호작용하도록 돕는다. 게임이나 엔터테인먼트 분야에서 화면 조작 디자인에 관한 많은 아이디어를 얻을 수 있다.

58

장소와 접객

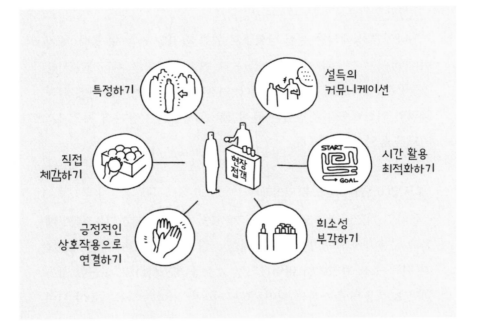

특정하기

설득의
커뮤니케이션

직접
체감하기

현장
접객

시간 활용
최적화하기

긍정적인
상호작용으로
연결하기

희소성
부각하기

START
GOAL

마트, 레스토랑, 병원, 은행, 공공시설 등의 특정 장소에서 제공하는
상품·서비스는 인간적인 접점을 만들 기회가 풍부하다. 이를 구체화
하면, 건물이나 공간을 활용하여 접점을 조성하기, 고객과 직원 간의
상호작용을 촉진하기, 사용자가 머무는 시간을 최대한 활용하기 등
이 있다. 기획이나 디자인 분야 종사자라면, 역량 있는 제품 디스플레
이 전문가나 고객 서비스 전문가들이 일하는 현장을 방문하여 그들

과 사용자 간의 상호작용을 주의 깊게 관찰하자. 그 과정에서 넛지나 행동경제학 관점의 노하우를 배우고, 편의성과 효율성만으로는 설명하기 어려운 행동 변화에 대한 힌트를 발견할 수 있을 것이다.

디자인 1. 특정하기

상점이나 공공시설 등 많은 사람이 오가는 장소에서는 사용자의 익명성이 더욱 강화된다. 이러한 상황에서는 모두를 대상으로 하기보다 한 사람을 특정하여 개별적인 대화를 시도하는 편이 효과적이다. 이를 통해 사용자와의 심리적 거리를 좀 더 가깝게 만들 수 있다.

디자인 2. 직접 체감하기

옷이나 가전제품처럼 실제로 만지거나 체험할 수 있는 제품은 사용자가 무의식적으로 손을 뻗을 수 있는 곳에 배치해야 한다. 사용자가 상품에 직접 손을 대면 해당 제품과의 심리적 거리가 가까워진다. 이러한 무의식적인 상호작용은 구매 결정의 주요 동기가 된다. 시식이나 시착 같은 무료 체험 서비스를 제공하여 사용자가 제품을 직접 경험할 수 있도록 하는 것이 중요하다.

디자인 3. 긍정적인 상호작용으로 연결하기

매장 직원과의 상호작용은 사용자의 경계심을 낮추고 긍정적인 구매 경험을 조성하는 데 중요하다. 직원이 미소로 환영하고 친절히 안내하면 사용자에게 안정감을 줄 수 있다. 칭찬과 감사의 표현은 사용자의 마음을 편안하게 만들고 구매로 이어질 가능성이 높아진다. 단, 소극적이거나 경직된 사용자를 응대할 때는 무리하게 제품을 소개하거나 권유하기보다는 기분이 편안해질 때까지 기다리는 것이 좋다.

디자인 4. 희소성 부각하기

남은 수량이 적은 상품, 한정 판매, 타임 세일, 예약 대기가 긴 서비스 등 희소성은 구매 욕구를 크게 자극하는 요소이다. 오프라인 매장에서는 사용자와의 대면을 희소한 기회로 여기고 '일부러 방문한 보람이 있었다!'고 느낄 수 있도록 가치를 전달해야 한다.

디자인 5. 시간 활용 최적화하기

매장에서 시간을 보내는 방식도 사용자 경험에 큰 영향을 미친다. 사용자가 매장에 입장하기 전에 혜택이나 특전 등의 정보를 제공함으로써 쇼핑을 유도할 수도 있고, 매장을 둘러보는 데 들인 시간을 보상받고 싶은 심리를 자극하여 제품 구매로 이어지게 할 수도 있다. 혹은 중간에 힘든 경험을 하게 되더라도 결국 해피엔딩을 맞이할 수 있도록 보상을 제공함으로써 재방문 동기를 높이는 등 다양한 방법을 생각해 볼 수 있다.

디자인 6. 설득의 커뮤니케이션

가끔은 사용자를 설득해야 할 때가 있다. 사용자가 마음의 결단을 내리지 못하고 고민한다면 대화를 통해 사용자의 이해를 돕고 결정에 도움이 되는 정보를 제공해야 한다. 절대 사용자를 다그치거나 결단을 종용해서는 안 된다. 사용자가 차분히 생각할 수 있도록 도우면 논리적 이해와 감정적 결정을 조화롭게 연결할 수 있다. 논리와 감정이 어긋난 사용자를 방치하면 불만이 생기고 긍정적인 관계를 유지할 수 없게 된다.

59 비즈니스 전략

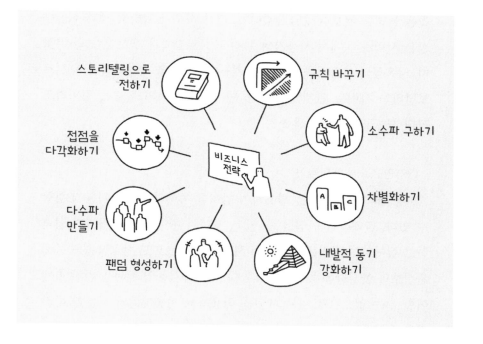

사업 계획이나 상품 전략에도 넛지 개념을 적용할 수 있다. 단순히 편의성이나 효율성에만 집중하면 사고가 고착되어 아이디어가 떠오르지 않고, 스펙 외의 특이점이나 차별성을 만들어내기 어려울 수 있다. 이런 경우에는 사용자의 감정에 주목하는 것이 도움이 된다.

사용자가 잠재적으로 원하는 것은 무엇인지, 어떤 매력과 계기가 사용자를 행동으로 이끄는지를 궁리해 보자. 이를 통해 독특한 비즈니스 전략을 개발하거나 사용자의 무의식적 욕구를 자극하여 행동 변화를 유도하는 시책을 고안하게 될 것이다.

디자인 1. 접점을 다각화하기

디지털 서비스의 대중화로 인해 사용자 수를 늘리는 것이 직접 매출을 늘리는 것보다 중요해졌다. 그러나 하루가 멀다고 생겨나는 수많은 서비스 속에서 사용자의 관심을 사로잡기란 생각처럼 쉽지 않다. 닮은꼴의 사람들을 연결하여 커뮤니케이션을 활성화하거나, 서로 보답하는 사이로 관계를 다지는 등 사용자들과의 접점을 강화하고 확대하는 구조를 고민해 보자.

디자인 2. 다수파 만들기

사용자의 군집 특성을 활용하여 참여를 독려하는 분위기를 조성할 수 있다. 함께라면 안심할 수 있고, 모두가 참여하는 분위기면 협력하고 싶어지는 심리를 이용하여 사용자들을 모으고 상호작용을 통해 관심도와 안정감을 높일 수 있다. 다만, 사용자들의 행동을 완전히 제어할 수는 없으므로 일부 예외를 허용하고 사용자들의 흐름을 따라가는 유연성도 필요하다.

디자인 3. 팬덤 형성하기

배우, 가수, 운동선수 등에 대한 열광은 자발적인 응원과 커뮤니티 형성을 유발한다. 이를 브랜드에도 적용하여 진정한 팬덤을 형성하려면, 브랜드가 사용자의 내발적 동기에 호소할 수 있어야 한다. 모양새만 갖추어서는 진정한 팬심을 끌어낼 수 없다. 브랜드는 사용자가 자발적으로 다가오고 싶은 유혹적인 존재가 되어야 한다.

디자인 4. 내발적 동기 강화하기

제품이나 브랜드에 대한 사용자의 내발적 동기가 강할수록 애착이 커진다. 과정이 즐겁거나 결과가 만족스러운 사용자는 내발적 동기가 강화되므로 기꺼이 노력을 아끼지 않고 자발적으로 행동해 준다. 따라서 사용자 경험을 최적화하고 만족스러운 결과를 제공하는 것이 중요하다.

디자인 5. 차별화하기

독창성을 내세워 경쟁사와의 차별화를 꾀하는 것은 비즈니스 전략의 핵심이다. 편의성이나 효율성뿐만 아니라 감성적 가치에도 눈을 돌려보자. 상품·서비스가 합리적인 차원에서만 성숙해져 있다면, 이는 아직 시장의 고정관념을 깨뜨릴 혁신적인 기회가 숨어있다는 것을 의미할 수 있다.

디자인 6. 소수파 구하기

소수파가 모이는 곳도 시장으로서 많은 가능성을 내재하고 있다. 소수의 사용자를 귀하게 대우하고 관심을 쏟으면 강한 유대감이 형성된다. 경쟁사에 추격당하지 않고 그 분야에서 뿌리 깊은 인기를 얻을 수 있을 것이다.

디자인 7. 스토리텔링으로 전하기

효율성이나 편의성을 넘어선 가치는 수치 같은 객관적인 데이터로는 전달되지 않는다. 중요한 키워드는 '공감'이다. 사용자의 마음을 움직이려면, 실현될 때를 상상할 수 있는 스토리나 상품·서비스의 맥락을 이해할 수 있는 인간적인 메시지를 필히 전달해야 한다.

디자인 8. 규칙 바꾸기

'우위를 점하기 위해서는 게임 체인저가 되어야 한다'는 접근법이 있다. 규칙을 이해한 후에는 그 규칙을 바꿀 수 있는 방법을 찾아야 한다. 업계가 오랫동안 보수적이고 폐쇄적이라면 사용자는 업계의 규칙이 바뀌기를 원할 수 있다. 상식에 얽매이지 말고 사용자가 받아들일 수 있는 변화와 그렇지 않은 변화를 구분해야 한다.

60 마음가짐

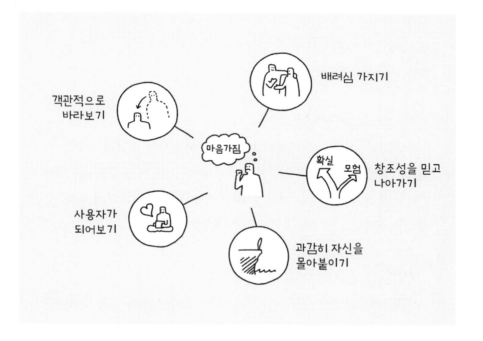

마지막으로 상품·서비스를 기획하고 디자인할 때의 마음가짐에 관해 이야기해 보자. 비즈니스 종사자 역시 바이어스에 갇힌 채 일상적으로 업무를 수행하고 사사로운 사건 때문에 생각과 행동이 바뀌기도 한다.

자신을 객관화하고 사용자 관점에서 상품·서비스를 경험하면 사용자의 실제 감정과 행동을 더 잘 이해할 수 있다. 비전문가의 시각과 다양한 관점을 수용하고 사용자가 무엇을 원하고 무엇을 궁금해하는지 충분히 고찰해야 사용자와 비즈니스 사이의 간극을 좁힐 수 있다.

디자인 1. 객관적으로 바라보기

상품·서비스를 제공하는 입장에서 때때로 바이어스와 아집에 빠질 수 있다. 이러한 상황을 피하기 위해서는 자기 생각에만 집착하지 말고 비전문가의 순수한 시각으로 사용자의 요구와 의문 사항을 파악하는 것이 중요하다.

디자인 2. 사용자가 되어보기

직접 상품·서비스를 체험해 보는 것이 사용자의 감정과 행동을 이해하는 가장 빠른 방법이다. 사용자 역할에 몰입하다 보면 이치에서 벗어난 호불호의 감정을 깨닫게 된다. 이는 사용자 관점에서 상품·서비스를 평가하고 개선하는 데 도움이 될 것이다.

디자인 3. 과감히 자신을 몰아붙이기

자유롭게 생각하는 것은 의외로 어려운 일이다. 창의적인 아이디어는 시간, 예산, 조건 등의 제약 속에서 탄생하는 경우가 많다. 스스로에게 제약 조건을 부여하면 오히려 새로운 해결책을 찾을 수도 있다. 창조적인 아이디어를 도출하는 데 도움이 되는 원천으로 제약을 받아들이고 아이디어를 발전시키는 데 긍정적으로 활용해 보자.

디자인 4. 창조성을 믿고 나아가기

새로운 아이디어를 사람들에게 이해시키는 과정은 언제나 만만치 않다. 때로는 자기 스스로 불안감에 휩싸이기도 한다. 그러나 주변의 냉소에 흔들리지 않고 조금씩 동조자를 모아나간다면 결국은 이해를 얻게 될 것이니, 자신의 창조성을 믿고 꾸준히 나아가자.

디자인 5. 배려심 가지기

비즈니스는 혼자서는 이루어질 수 없다. 다른 이의 입장과 감정을 이해하고, 때로는 결과보다 팀워크를 우선시하는 마음가짐이 필요하다. 최종 사용자뿐만 아니라 비즈니스 파트너도 마찬가지로 사용자이다. 이를 고려하면서 상호 간의 배려와 협력이 이루어져야 한다. 그렇게 하면 상대를 배려하는 계획과 전략을 수립할 수 있을 것이다.

행동경제학과 디자인의 접점, 다시 한번 강조하면 인간 탐구입니다

행동경제학과 디자인에 관한 설명은 여기까지입니다. 재미있으셨나요?

이 책을 통해 사용자, 즉 사람에 대한 관찰이 중요하다는 것, 편의성·효율성을 넘어선 가치가 있다는 것, 독특한 아이디어가 문제 해결로 이어진다는 것을 배우셨기를 바랍니다.

1장에서는 행동경제학의 구조와 전체상을 도해와 일러스트로 정리함으로써 행동경제학을 어렵지 않게 파악하는 데 목적을 두었습니다. 이론뿐만 아니라 실천을 위한 관점으로 행동경제학에 관심을 두셨으면 합니다.

2장에서 소개한 39개의 바이어스는 일부일 뿐, 이외에도 수많은 행동경제학 이론이 연구되고 있습니다. 모든 이론을 다 다룰 수는 없지만, 8가지 분류를 바탕으로 인간의 사고와 행동 습관을 관찰하다 보면 여러분이 새로운 바이어스를 발견하게 될지도 모릅니다. 때로는 의심하고, 가끔은 눈에 보이는 것과 보이지 않는 것을 마음으로 느끼면서 관찰하는 습관을 길러봅시다.

3장에서 소개한 넛지 적용 방법은 디자인 관점에서 아이디어를 접목하려는 시도입니다. 저는 산업제품 디자인부터 공간 디자인, 디지털 서비스 디자인, 그리고 사업 기획까지 몇 년을 주기로 비즈니스 영역을 바꾸며 종사해 왔습니다만, 사용자 중심적 사고는 무조건 고수하고 있습니다. 편의성이나 효율성을 추구하는 것과는 다르게, 사용자의 의식과 행동을 바꾸는 방법은 한 가지가 아닙니다. 기획자, 디자이너, 개발자, 고객 응대 서비스 담당자 등 직무에 상관없이 비즈니스 종사자라면 누구나 사용자를 위해 무엇을 할 수 있는지를 궁리해야 합니다. 이 책을 통해 디자인으로 문제를 해결하는 사용자 중심의 디자인 방법론을 탐구해 보는 기회가 되었길 바랍니다.

행동경제학과 디자인은 모두 '인간'을 탐구합니다. 행동경제학은 이를 연구와 학문으로 추구하고, 디자인은 상품·서비스를 통해 실천합니다. 이 둘을 결합하면 사람에 더 집중하고, 더 즐겁고 친절한 사회를 만들 수 있다고 믿습니다. 21세기를 살아가는 지금도 여전히 사용자, 즉 인간에게 집중하지 않고 기술의 오남용, 불평등한 경제적 격차, 국민을 불행하게 만드는 정책 등 많은 사회 문제가 발생하고 있습니다. 저는 행동경제학적 지식을 활용하여 상품·서비스를 디자인함으로써 세상을 조금이라도 더 나은 방향으로 바꿀 수 있기를 바라며 이 책을 썼습니다. 끝까지 읽어주셔서 감사합니다.

제가 지금까지 인연을 맺어온 많은 분과의 소중한 경험과 기회가 없었다면 이 책을 완성하지 못했을 것입니다. 일일이 이름을 열거하자면 끝이 없으므로, 여기서는 세 가지로 정리하여 감사의 마음을 전합니다.

먼저 제가 처음 디자인을 배웠던 삿포로시립 고등전문학교의 선생님, 동급생, 선배와 후배들에게 감사의 말씀을 전하고 싶습니다. 선생님께서 디자인 기본기를 세심히 가르쳐 주셨고 동료들과 함께 열심히 노력한 덕에 디자인 영역을 넘나들며 폭넓게 활동할 수 있었습니다.

다음으로 실무에서 함께 일하고 있는 클라이언트분들과 현재 근무하고 있는 콘센트릭스 카탈리스트(구 타이거 스파이크) 동료들, 제가 근무했던 회사 관계자분들께도 감사드립니다. 비즈니스와 디자인을 연결하는 일상의 실천을 통해 이 책의 아이디어를 공식화할 수 있었습니다.

그리고 이 책을 출간하게 해준 note.com 운영진분들께도 감사드립니다. note에 계속 글을 썼기 때문에 출간 기회를 얻을 수 있었습니다. 꾸준히 글을 쓰고 싶게 만드는 수많은 장치와 사용하기 쉽게 진화된 서비스에서 항상 많은 깨달음을 얻고 있습니다. 또한 출판 관계자분들에게도 감사의 말씀을 전합니다.

마지막으로, 이 책을 쓰는 동안 행복한 시간을 함께해 준 가족에게도 항상 고맙다는 말을 전하고 싶습니다.

참고문헌

이 책을 쓸 수 있었던 것은 아래에 소개하는 수많은 책 덕분입니다. 이 자리를 빌려 감사의 말씀을 전합니다. 이론적 설명과 연구 자료 및 고찰, 실제 사례 등을 참고하였습니다. 이 책을 행동경제학의 입문서로 활용하시고, 좀 더 깊이 있게 탐구하고 싶다면 아래의 책들을 읽어보시길 권합니다.

- 玉樹真一郎(著) 『「ついやってしまう」体験のつくりかた - 人を動かす「直感・驚き・物語」のしくみ』 ダイヤモンド社 2019.8.
  (다마키 신이치로 지음, 안선주 옮김 『탐닉의 설계자들』 쌤앤파커스 2021.3.)

- ダニエル・カーネマン(著) 村井章子(訳) 『ファスト＆スロー - あなたの意思はどのように決まるか? 下』 早川書房 2012.11.
  (대니얼 카너먼 지음, 이창신 옮김 『생각에 관한 생각』 김영사 2018.3.)

- ダン・アリエリー(著) 熊谷淳子(訳) 『予想どおりに不合理 - 行動経済学者が明かす「あなたがそれを選ぶわけ」』 早川書房 2010.10.
  (댄 애리얼리 지음, 장석훈 옮김 『상식 밖의 경제학』 청림출판 2018.10.)

- ダン・アリエリー(著) 櫻井祐子(訳) 『不合理だからすべてがうまくいく - 行動経済学で「人を動かす」』 早川書房 2011.10.
  (댄 애리얼리 지음, 김원호 옮김 『댄 애리얼리, 경제 심리학』 청림출판 2011.2.)

- デレク・トンプソン(著) 高橋由紀子(訳) 『ヒットの設計図 - ポケモンGOからトランプ現象まで』 早川書房 2018.10.
  (데릭 톰슨 지음, 이은주 옮김, 송원섭 감수 『히트 메이커스』 21세기북스 2021.5.)

- デイヴィッド・ベイルズ , テッド・オーランド(著) 野崎武夫(訳) 『アーティストのためのハンドブック』 フィルムアート社 2011.11.
  (데이비드 베일즈, 테드 올랜드 지음, 임경아 옮김 『예술가여 무엇이 두려운가: Art and Fear』 루비박스 2012.11.)

- ドナルド・A・ノーマン(著) 伊賀聡一郎, 岡本明, 安村通晃(訳) 『複雑さと共に暮らす - デザインの挑戦』 新曜社 2011.7.
  (도널드 A. 노먼 지음, 이춘희, 이지현 옮김 『심플은 정답은 아니다』 교보문고(단행본) 2012.4.)

- ドナルド・A・ノーマン(著) 野島久雄(訳) 『誰のためのデザイン？ - 認知科学者のデザイン原論』 新曜社 1990.2.
  (도널드 A. 노먼 지음, 박창호 옮김 『디자인과 인간 심리』 학지사 2016.9.)

- レナード・ムロディナウ(著) 水谷淳(訳) 『しらずしらず - あなたの9割を支配する「無意識」を科学する』 ダイヤモンド社 2013.12.
  (레오나르드 믈로디노프 지음, 김명남 옮김『새로운 무의식 - 정신분석에서 뇌과학으로』까치 2013.1.)

- L.フェスティンガー, H.W.リーケン, S.シャクター(著) 水野博介(訳) 『予言がはずれるとき』勁草書房 1995.12.
  (레온 페스팅거, 헨리 W. 리켄, 스탠리 샥터 지음, 김승진 옮김『예언이 끝났을 때』이후 2020.4.)

- レイ・ハーバード(著) 渡会圭子(訳) 『思い違いの法則』 合同出版 2012.4.
  (레이 허버트 지음, 김소희 옮김『위험한 생각습관 20』21세기북스, 2011.8.)

- ロバート・B・チャルディーニ(著) 社会行動研究会(訳) 『影響力の武器 - なぜ人は動かされるのか』 誠信書房 2014.10.
  (로버트 치알디니 지음, 황혜숙 임상훈 옮김, 『설득의 심리학 1』21세기북스 2023.4.)

- ロジェ・カイヨワ(著) 多田道太郎, 塚崎幹夫(訳) 『遊びと人間』 講談社 1990.4.
  (로제 카이와 지음, 이상률 옮김『놀이와 인간』문예출판사 2018.7.)

- リチャード・E・ニスベット(著) 村本由紀子(訳) 『木を見る西洋人 森を見る東洋人 - 思考の違いはいかにして生まれるか』 ダイヤモンド社 2004.6.
  (리처드 니스벳 지음, 최인철 옮김『생각의 지도』김영사 2004.4.)

- リチャード・E・ニスベット(著) 小野木明恵(訳) 『世界で最も美しい問題解決法 - 賢く生きるための行動経済学、正しく判断するための統計学』 青土社 2017.12.
  (리처드 니스벳 지음, 이창신 옮김『마인드웨어』김영사 2016.8.)

- リチャード・セイラー, キャス・サンスティーン(著) 遠藤真美(訳) 『実践行動経済学』 日経BP 2009.7.
  (리처드 탈러, 캐스 선스타인 지음, 이경식 옮김, 최정규 감수『넛지』리더스북 2022.6.)

- リチャード・セイラー(著) 遠藤真美(訳) 『行動経済学の逆襲』 早川書房 2016.7.
  (리처드 탈러 지음, 박세연 옮김『행동경제학』웅진지식하우스 2021.3.)

- リーアンダー・ケイニー(著) 関美和(訳) 『ジョナサン・アイブ』 日経BP社 2015.1.
  (린더 카니 지음, 안진환 옮김『조너선 아이브』민음사 2014.4.)

- 松村真宏(著) 『仕掛学 - 人を動かすアイデアのつくり方』 東洋経済新報社 2016.10.
  (마쓰무라 나오히로 지음, 우다혜 옮김『행동을 디자인하다』로고폴리스 2015.12.)

- マルコム・グラッドウェル(著) 高橋啓(訳) 『ティッピング・ポイント - いかにして「小さな変化」が「大きな変化」を生み出すか』飛鳥新社 2000.2.
  (말콤 글래드웰 지음, 김규태 옮김『티핑포인트』김영사 2020.9.)

- マックス・H・ベイザーマン、アン・E・テンブランセル(著) 池村千秋(訳) 谷本寛治(解説) 『倫理の死角 - なぜ人と企業は判断を誤るのか』 NTT出版 2013.9.
  (맥스 베이저만, 앤 텐브룬셀 지음, 김영욱, 김희라 옮김『Blind Spots, 이기적 윤리』커뮤니케이션북스 2014.10.)

- ミシェル・バデリー(著) 土方奈美(訳) 依田高典(解説) 『［エッセンシャル版］行動経済学』 早川書房 2018.9.
  (미셸 배들리 지음, 노승영 옮김『행동경제학』교유서가 2020.2.)

- スティーヴン・D・レヴィット, スティーヴン・J・ダブナー(著) 望月衛(訳) 『ヤバい経済学 - 悪ガキ教授が世の裏側を探検する』 東洋経済新報社 2007.4.
  (스티븐 레빗, 스티븐 더브너 지음, 안진환 옮김『괴짜 경제학』웅진지식하우스 2007.4.)

- スティーヴン・D・レヴィット、スティーヴン・J・ダブナー(著) 望月衛(訳) 『超ヤバい経済学』東洋経済新報社 2010.10.
  (스티븐 레빗, 스티븐 더브너 지음, 안진환 옮김 『슈퍼 괴짜경제학』 웅진지식하우스 2009.11.)

- スティーヴン・D・レヴィット, スティーヴン・J・ダブナー(著) 櫻井祐子(訳) 『0ベース思考 - どんな問題もシンプルに解決できる』 ダイヤモンド社 2015.2.
  (스티븐 레빗, 스티븐 더브너 지음, 안진환 옮김 『괴짜처럼 생각하라』 웅진지식하우스 2015.8.)

- スティーブン・ウェンデル(著) 相島雅樹, 反中望, 松村草也(訳) 武山政直(監訳) 『行動を変えるデザイン』 オライリー・ジャパン 2020.6.
  (스티븐 웬델 지음, 장현순 옮김 『마음을 움직이는 디자인 원리』 위키북스 2018.7.)

- シーナ・アイエンガー(著) 櫻井祐子(訳) 『選択の科学』 文藝春秋 2014.7.
  (쉬나 아이엔가 지음, 오혜경 옮김 『선택의 심리학』 21세기북스 2012.7.)

- アマンダ・リプリー(著) 岡真知子(訳) 『生き残る判断 生き残れない行動』 筑摩書房 2019.1.
  (아만다 리플리 지음, 조윤정 옮김 『언씽커블: 생존을 위한 재난 재해 보고서』 다른세상 2009.1.)

- 山口周(著) 『武器になる哲学 - 人生を生き抜くための哲学・思想のキーコンセプト50』 KADOKAWA 2018.5.
  (야마구치 슈 지음, 김윤경 옮김 『철학은 어떻게 삶의 무기가 되는가』 다산초당 2019.1.)

- 大竹文雄(著) 『行動経済学の使い方』 岩波書店 2019.9.
  (오타케 후미오 지음, 김동환 옮김 『쉽게 따라하는 행동경제학』 에이케이 2020.12.)

- ヨハン・ヨイジンガ(著) 高橋英夫(訳) 『ホモ・ルーデンス』 中央公論社 2019.1. (第一版は1973年)
  (요한 하위징아 지음, 이종인 옮김 『호모 루덴스』 연암서가 2018.7.)

- 植木恵理(著) 『シロクマのことだけは考えるな! - 人生が急にオモシロくなる心理術』 マガジンハウス 2008.8.
  (우에키 리에 지음, 서수지 옮김, 『백곰 심리학』 럭스미디어 2010.5.)

- ウォルター・アイザックソン(著) 井口耕二(訳) 『スティーブ・ジョブズ2』 講談社 2011.2.
  (월터 아이작슨 지음, 안진환 옮김 『스티브 잡스』 민음사 2015.10.)

- ウォルター・ミシェル(著) 柴田裕之(訳) 『マシュマロテスト - 成功する子・しない子』 早川書房 2015.5.
  (월터 미셸 지음, 안진환 옮김 『마시멜로 테스트』 한국경제신문 2015.1.)

- 井上明人(著) 『ゲーミフィケーション - <ゲーム>がビジネスを変える』 NHK出版 2012.1.
  (이노우에 아키토 지음, 이용택 옮김 『게임 경제학』 스펙트럼북스 2012.9.)

- デイヴィッド・ケリー, トム・ケリー(著) 千葉敏生(訳) 『クリエイティブ・マインドセット - 想像力・好奇心・勇気が目覚める驚異の思考法』 日経BP 2014.6.
  (톰 켈리, 데이비드 켈리 지음, 박종성 옮김 『유쾌한 크리에이티브』 청림출판 2014.1.)

- クリスチャン・マスビアウ(著) 斎藤栄一郎(訳) 『センスメイキング』 プレジデント社 2018.11.
  (크리스티안 마두스베르그 지음, 김태훈 옮김 『센스메이킹』 위즈덤하우스 2017.7.)

- ハンス・ロスリング ほか(著) 上杉周作, 関美和(訳) 『FACTFULLNESS』 日経BP社 2019.1.
  (한스 로슬링, 올라 로슬링, 안나 로슬링 뢴룬드 지음, 이창신 옮김 『팩트풀니스』 김영사 2019.3.)

- 広瀬弘忠(著) 『人はなぜ逃げおくれるのか』 集英社 2004.1.
  (히로세 히로타다 지음, 이정희 옮김 『인간은 왜 제때 도망치지 못하는가』 모요사 2014.11.)

- レイモンド・ローウイ(著) 藤山愛一郎(訳) 『口紅から機関車まで』 鹿島出版会 1981.3.(Raymond Loewy, Glenn Porter 『Never Leave Well Enough Alone: The Personal Record of an Industrial Designer』 Johns Hopkins University Press 2002.12.)

- ナターシャ・ダウ・シュール(著) 日暮雅道(訳) 『デザインされたギャンブル依存症』 青土社 2018.6. (Schull, Natasha Dow 『Addiction by Design: Machine Gambling in Las Vegas』 Princeton Univ Pr 2014.5.)

- トビアス・J・モスコウィッツ, L・ジョン・ワーサイム(著) 望月衛(訳) 『オタクの行動経済学者、スポーツの裏側を読み解く』 ダイヤモンド社 2012.6.
(L. Jon Wertheim, Tobias Moskowitz 『Scorecasting: The Hidden Influences Behind How Sports Are Played and Games Are Won』 Three Rivers Press 2012.1.)

- キャス・サンスティーン(著) 田総恵子(訳) 坂井豊貴(解説) 『ナッジで、人を動かす』 NTT出版 2020.9.
(Cass R. Sunstein 『The Ethics of Influence : Government in the Age of Behavioral Science』 Cambridge University Press 2016.8.)

- ハワード S. ベッカー(著) 村上直之(訳) 『完訳アウトサイダーズ - ラベリング理論再考』 現代人文社 2011.1.
(Howard S. Becker 『Outsiders : Studies in the Sociology of Deviance』 Simon & Schuster 1997.3.)

- 大竹文雄(著) 『経済学のセンスを磨く』 日本経済新聞出版社 2015.5.

- 川越敏司(著) 『「意思決定」の科学-なぜ、それを選ぶのか』 講談社 2020.9.

- 佐伯胖(著) 『「きめ方」の論理 - 社会的決定理論への招待』 筑摩書房 2018.8.

- 松田行正(著) 『独裁者のデザイン - ヒトラー、ムッソリーニ、スターリン、毛沢東の手法』 平凡社 2019.9.

- みうらじゅん(著) 『マイ遺品セレクション』 文藝春秋 2022.7.

- みうらじゅん(著) 『「ない仕事」の作り方』 文藝春秋 2015.11.

- 石川智健(著) 『エウレカの確率 - 経済学捜査員とナッシュ均衡の殺人』 講談社 2015.2.

- 鎌田雄一郎(著) 『ゲーム理論入門の入門』 岩波書店 2019.4.

- 藤井保文, 尾原和啓(著) 『アフターデジタル - オフラインのない時代に生き残る』 日経BP 2019.3.

- 宮本彰(著) 『KING JIM - ヒット文具を生み続ける独創のセオリー』 河出書房新社 2015.5.

- 宮﨑駿(著) 『出発点』 スタジオジブリ 1996.8.

- 釘原直樹(著) 『人はなぜ集団になると怠けるのか』 中央公論新書 2013.10.

- 為末大(著) 『諦める力』 プレジデント社 2013.5.

- 高田明(著) 『高田明と読む世阿弥』 日経BP 2018.3.

- 児玉光雄(著) 『イチローはなぜ打率ではなくヒット数にこだわるのか』 晋遊舎 2008.4.

- ダニエル・カーネマン(著) 山内あゆ子(訳) 友野典男(監訳) 『ダニエル・カーネマン心理と経済を語る』 楽工社 2011.3.

- 日本心理学会(監修) 楠見孝(編集) 『なつかしさの心理学 - 思い出と感情』 誠信書房 2014.5.

- 高野光平(著) 『昭和ノスタルジー解体 - 懐かしさはどう作られたのか』 晶文社 2018.4.

- 中根千枝(著) 『タテ社会と現代日本』 講談社 2019.11.

- 佐藤雅彦, 菅俊一(著) 『行動経済学まんが - ヘンテコノミクス』 高橋秀明 マガジンハウス 2017.11.

- 田中辰雄, 山口真一(著) 『ソーシャルゲームのビジネスモデル - フリーミアムの経済分析』勁草書房 2015.5.

- サデスパー堀野(著) 『80年代オマケシール大百科』 いそっぷ社 2017.4.

- 水口直樹(著) 『僕は偽薬を売ることにした』 国書刊行会 2019.7.

- 廣瀬真一(著) 『ポッドキャスト・日本の歴史 - 第65回』 オガワブンゴ

- 『AXIS - vol.96』 アクシス 2002.4.

- ほぼ日刊イトイ新聞(著) 『岩田さん』 株式会社ほぼ日 2019.7.

- ほぼ日刊イトイ新聞(著) 『じゅんの恩返し - 恩返しその38』 https://www.1101.com/ongaeshi/050823index.html

- デレク・シヴァーズ 「目標は人に言わずにおこう」 TED Talk
  (데릭 시버스 Derek Shivers 「자신의 목표를 스스로 간직하세요 Keep your goals to yourself」 TED Talk) https://www.ted.com/talks/derek_sivers_keep_your_goals_to_yourself?language=ko

- デレク・シヴァーズ 「社会運動はどうやって起こすか」 TED Talk
  (데릭 시버스 Derek Shivers 「운동이 시작되는 방법 How to start a movement」 TED Talk) https://www.ted.com/talks/derek_sivers_how_to_start_a_movement?language=ko

- マット・カッツ <マット・カッツの30日間チャレンジ」 TED Talk
  (맷 커츠 「30일 동안 새로운 것 도전하기」 TED Talk) https://www.ted.com/talks/matt_cutts_try_something_new_for_30_days?language=ko

ビジネスデザインのための行動経済学ノート
(Business Design no Tame no Kodokeizaigaku Note : 6993-4)
ⓒ 2021 Ryotaro Nakajima
Original Japanese edition published by SHOEISHA Co., Ltd.
Korean translation rights arranged with SHOEISHA Co., Ltd. through BC Agency
Korean translation copyright ⓒ 2024 by GOOD WORLD(SOBO LAB)

행동경제학으로 사용자의 사고와 욕구를 자극한다

판단과 행동 사이, 의도된 디자인

초판 1쇄 발행 · 2024년 4월 30일

지은이 · 나카지마 료타로
옮긴이 · 서희경
펴낸이 · 곽동현
디자인 · 정계수
펴낸곳 · 소보랩

출판등록 · 1998년 1월 20일 제 2002-23호
주소 · 서울시 동작구 동작대로 1길 27, 5층
전화 · (02)587-2966
팩스 · (02)587-2922
메일 · labsobo@gmail.com

ISBN 979-11-391-3207-6 13320